KB141897

이나모리 가즈오의
인생을 바라보는 안목

이나모리 가즈오의

# 人生

을 바라보는 안목

이나모리 가즈오 지음 — 노경아 옮김

쌤앤파커스

한 번뿐인 인생을
진정한 풍요와 빛으로
가득 채우기를


_____ 님께

## 시작하며

60년 가까이 회사를 경영하며
내가 배운 단 한 가지

## 인간으로서 올바른 일을 올바르게 하고 있는가?

나는 지금까지 일에 쫓기고, 일을 좇는 인생을 살았다. 그러나 지금 돌아보면 나만큼 행복한 사람도 없다는 생각이 든다. 진심이다.

1959년에 직원 28명 규모의 동네 공장으로 출발한 교세라도, 1984년에 전기통신 사업 자유화를 맞아 설립된 제2전자전신(第2電氣電信, 이하 제2전전, 현재는 KDDI로 사명을 바꾸었으며 일본 2위의 민간 통신회사로 휴대전화 브랜드인 au를 운영한다. - 옮긴이)도 성장·발전을 거듭하여 지금까지 순조롭게 운영되고 있다. 그리고 '내 만년을 망치는 것이 아닐까?' 싶었던 일본항공의 재건 사업도 가까스로 성공적으로 마무리되었다.

물론 그 과정에서 이런저런 어려움도 많았다. 그러나 지금 돌아보면, 그런 어려움까지 포함하여 더없이 행복한 인생을 살았다. 그리고 그것은 아마도 내가 '어떤 경우에든 인간으로서 올바른 일을 올바르게 해내겠다.'라는 굳은 의지를 품고, 그것을 지금까지 변함없이 실천해온 덕분일 것이다.

사람은 어떤 '사고법'을 취하느냐에 따라 자신의 인생을 훌륭하게 만들 수도, 완전히 망칠 수도 있다. 누구나 인생을 살면서 생각지도 못한 장애나 고난을 만나기 마련인데, 그런 어려움 앞에서 어느 방향으로 나아가느냐는 온전히 자신의 '사고법'에 달려 있다. 그리고 그 순간순간의 판단이 모여서 삶의 결과를 완전히 바꿔놓는다.

그렇다면 자신을 올바른 방향으로 이끌어줄 '사고법'을 확립하고 항상 그것에 기초하여 사리를 판단한다면 인생의 어떤 어려운 국면에서도 길을 잃지 않을 것이다. 항상 올바른 판단을 내리므로 당장은 막막한 듯해도 결과는 항상 훌륭할 것이 틀림없다.

한편 '나만 좋으면 그만'이라는 이기적인 생각을 하거나 변덕스러운 감정에 휘둘리는 등 자신을 나쁜 방향으로 이끄는 '사고법'에 의존하는 사람은 언제나 요동치는 자신의 마음에 휘둘려 인생까지 흔들리고 만다.

인간은 나약한 존재다. 그래서 환경과 자신의 욕망에 휘둘려 마음이 흐트러진 탓에 아무렇지도 않게 도리에 어긋나는 일을 저지르기도 한다. 따라서 무언가 판단이 필요할 때 그 기준이 되어줄 올바른 '사고법'이 반드시 필요한 것이다.

사람을 올바른 방향으로 이끄는 '사고법'은 마치 어둠 속을 비추는 빛과 같다. 그것은 또한 우리의 인생을 멋진 결과로 인도해줄 나침반이 될 것이다.

## 일과 인생의 성공 방정식

인간으로서 올바른 '사고법'을 갖추는 것이 우리 인생에 얼마나 큰 영향을 미칠까? 그것을 이해하기 위해, 일단은 인생과 일의 결과를 나타내는 방정식을 소개하고 싶다.

나는 오랫동안 이 방정식의 값을 최대화하려고 매일 죽을힘을 다해 일에 매진해왔다. 또 이 방정식을 통해서만 내 인생, 즉 교세라와 KDDI의 발전, 그리고 일본항공의 부활을 설명할 수 있다고 생각한다.

나의 인생 방정식:

인생과 일의 결과 = 사고법 × 열의 × 능력

나는 그다지 풍족하지 않은 가정에서 태어나 어린 나이에 중학교와 대학교 입학 시험, 그리고 취직시험에 모조리 실패했다. '어려서부터 이처럼 많은 좌절을 경험한 데다 능력도 그다지 뛰어나지 못한 내가 남들보다 더 성공하려면 어떻게 해야 할까?' 나는 오랫동안 스스로에게 이 질문을 던졌다. 그리고 고민 끝에 하나의 방정식을 생각해냈다. 바로 앞에 소개한 방정식이다.

이 방정식은 '능력', '열의', '사고법'이라는 3개의 변수로 이루어진다. 여기서 '능력'이란 지능뿐만 아니라 운동신경이나 건강 같은 신체적 능력까지 포함한 개념으로, 대부분 타고난 재능과 체질에 좌우된다.

이 '능력'을 개인에 따라 0점부터 100점까지의 점수로 나타낸다면 어떻게 될까? 머리도 나쁘고 운동신경도 없는 사람이 0점이라고 하면, 운동신경도 발달하고 건강한 데다 학교성적까지 뛰어난 사람은 100점일 것이다.

이 '능력'에 '열의'를 곱한다. '열의'는 다른 말로 '노력'인데, 이것 역시 개인차가 있으므로 0점부터 100점까지의 점수로 표시할 수 있다. 인생과 일에 열정을 불태우며 최선을 다해 열심히 노력하는 사람이 100점이라면, 의욕도 없고 패기도 없으며 무기력해 매사에 노력하지 않는 사람은 0점이 될 것이다.

이 '열의'는 '능력'과 달리 자신의 의지로 향상시킬 수 있다. 그래서 나는 일단 다른 사람보다 더 많이 노력하기로 했다. 능력은 별 볼 일 없지만 열의만은 누구에게도 뒤지지 않을 만큼 뜨겁게 불태우자고 생각했다. 좋은 머리를 믿고 노력하지 않는 사람보다 자신의 능력이 부족함을 깨닫고 열정적으로 노력하는 사람이 훨씬 더 좋은 결과를 얻을 것이라고 믿었기 때문이다.

여기에 마지막으로 '사고법'을 꼽는다. '사고법'은 사상, 철학으로 바꿔 말할 수도 다. 혹은 이념, 신념이라고 할 수도 있다. 인생관, 인간성, 사고방식 또는 인간으로서의 삶의 자세라고 해도 좋을 것이다. 나는 그런 것을 다 합해서 '사고법'이라 칭한다.

내가 만든 인생 방정식에서, 결과값을 크게 좌우하는 가장 중요한 변수가 바로 이 '사고법'이다. 왜냐하면 앞에서 말한 '능력'과 '열의'의 점수는 0점에서 100점까지지만, '나쁜 사고법'과 '좋은 사고법'의 점수는 마이너스 100점에서 플러스 100점까지로 그 범위가 훨씬 넓기 때문이다.

'능력'이나 '열의'는 물론 높을수록 좋다. 그러나 그보다 '사고법'이 마이너스인지 플러스인지가 더 중요하다. 사고법 수치의 높고 낮음이 인생과 일의 성과를 결정적으로 좌우하다고 말해도 과언이 아니다.

## 재능과 열정이 아무리 뛰어나도
## 사고법이 마이너스라면

재능이 아무리 뛰어나고 일을 아무리 열심히 해도, 즉 '능력'과 '열의'의 점수가 아무리 높아도 '사고법'이 마이너스라면 인생의 결과도 꼼짝없이 마이너스가 되고 만다.

세상에는 자신의 인생이 잘 풀리지 않는 이유를 오로지 외부에서 찾으며 핑계와 불평불만을 일삼는 사람들이 있다. 그들은 남을 시기하고 세상을 원망하며 착실한 삶의 가치를 부정한다. 그런 '사고법'을 갖고 살면 인생의 결과는 오로지 마이너스가 될 뿐이다. 심지어 '능력'이 뛰어나고 '열의'가 강할수록 부정적인 결과도 점점 커진다.

그런가 하면 힘든 일을 겪으면서도 그것을 진지하게 받아들이는 사람들이 있다. 자신에게 분명히 밝은 미래가 펼쳐질 것이라 믿고, 긍정과 낙관의 자세를 잃지 않는 사람, 매사에 더 많이 노력하려고 애쓰는 사람도 있다. 그런 플러스 사고법을 가진 사람은 능력이 다소 모자란다 해도 인생에서 멋진 결과를 얻을 수 있다.

사실 아주 어릴 때는 타고난 능력 차이가 결정적인 것

처럼 보인다. 하지만 인생은 생각보다 많이 길다. 타고난 능력은 긴 인생의 성과에 별 영향을 미치지 않는다. 그러므로 능력이 모자란다고 한탄하거나 원망하거나 시기하지 말고, 오직 필사적으로 노력한다면 누구나 멋진 인생을 살 수 있다.

앞에서도 이야기했다시피 이것은 결코 개인의 행복에만 국한된 이야기가 아니다. 회사라는 집단의 행복을 이끌어낼 때도 마찬가지다.

2010년 2월부터 대략 3년에 걸쳐 일본항공의 재건을 성공시켰던 사건이야말로, 내 인생 방정식이 회사 전체의 행복에 관해서도 꼭 들어맞는다는 멋진 증거일 것이다.

나는 일본항공에 부임하자마자 이런 생각을 했다. '교세라와 KDDI를 경영할 때 활용한 사고법을 여기에도 전파하여 직원들의 의식을 개혁하자. 그러면 조직이 활성화될 것이다.' 직원의 의식을 개혁하면 파산에 이른 일본항공을 성공적으로 재건할 수 있을 뿐만 아니라 직원들의 의식, 즉 인간으로서 '덕'의 측면에서도 일본항공을 일본을 대표하는 멋진 기업으로 만들 수 있을 것이라고 믿었다.

그래서 나는 우선 간부들을 불러모아 지도자 교육을 받게 했다. 그리고 그들에게 내가 반세기가 넘도록 회사를 경영하며 실천했던 구체적인 경영방식과 함께 '인간으로서 무엇이 올바른가?' 하는 판단의 기준, 지도자가 갖추어야 할 자격 등을 집중적으로 전달했다.

그러나 내가 "이기적인 판단이 아닌 이타적인 판단을 내려라.", "무엇을 하든 성실하게, 최선을 다해 있는 힘껏 노력하라."라고 말할 때마다 고학력 간부들의 얼굴에는 불만스러운 표정이 가득했다. 그들의 얼굴에는 '말 안 해도 다 아는 이야기잖아. 어린애들도 다 아는 도덕관을 우리에게 강요하다니….'라는 생각이 고스란히 드러나 있었다.

일본항공의 간부들은 '일본을 대표하는 항공회사'에서 오랫동안 안이하게 일했던 탓에 자신들도 모르는 새 매우 교만해져 있었다.

그래서 나는 주제넘고 불손한 태도를 보이는 간부들을 엄격하게 질타했다. 그리고 "지도자에게는 겸허함이 필요하다. 회사가 이 지경이 된 것을 자신의 책임으로 받아들이고 반성해야 한다."라고 몰아붙였다.

처음에는 그처럼 간부들의 의식을 개혁하는 일에 밤낮

으로 힘썼다. 그러다 보니 어느 순간, 아무 연고도 없는 웬 노인이 보수도 받지 않고 아침부터 저녁까지 동동거리며 '인간으로서의 자세'를 역설하는 모습에 마음이 움직인 것인지, 내 '사고법'에 동의하는 사람이 하나둘 나타나기 시작했다. 그리고 그 잔잔한 물결은 간부들 사이에 빠르게 퍼져나갔다.

그다음에 나는 이 '사고법'을 영업의 최전선에서 고객을 직접 응대하는 직원들에게까지 침투시키기 위해 현장으로 직접 나갔다. 접수 및 계산대 직원, 승무원, 기장과 부조종사, 정비사, 수하물을 취급하는 직원들이 있는 현장을 돌며 '어떤 사고법에 기초하여 어떻게 일을 해야 하는가?'를 직접 전달했다.

그 결과, 현장의 직원들 사이에 "인간으로서 무엇이 올바른가?" 하는 판단 기준이 규범으로 정착되기 시작했고, 나중에는 그들의 실제 행동까지 몰라보게 개선되었다.

이처럼 의식개혁에 힘쓴 결과, 일본항공 전 사원의 '사고법'이 달라졌고, 그러자 회사 전체의 실적도 비약적으로 향상되었다.

## 플러스 사고법 vs. 마이너스 사고법

나는 종종 직원들에게 "재능에 휘둘리지 말라."는 말을 한다. 재능 있는 사람은 자칫 자신의 재능을 자랑하며 교만하게 행동하기 쉽다. 앞서 소개한 일본항공의 사례만 보아도 자명한 이치다.

과거에 일본항공은 '정부의 힘에 의존하는 안이한 사고법'이 조직 전체에 퍼져 아예 체질로 굳어져 있었다. 경영을 책임져야 할 간부들은 어깨에 힘을 잔뜩 주고 관료적인 태도로 일관했으며, 조직을 머리로만 이끌고 있었다. 그들은 하나같이 엘리트 의식이 강했다. 머리가 좋고 유능해서 학력도 우수하며 겉으로는 매우 예의 바른 듯하지만, 알고 보면 은근히 무례한 데다 노력의 중요성, 인간으로서의 올바른 '사고법' 따위에는 전혀 관심이 없는 사람들이었다. 그런 사람들로 이루어진 조직이 고객을 소중히 여길 리가 있겠는가. 그래서 2조 3,000억 엔이나 되는 거대한 부채를 떠안고 파산하게 된 것이다.

"재능을 활용하는 것은 마음이다."라는 말이 있다. 능력을 발휘하려면 올바른 '사고법'이 꼭 필요하다. 마음은 없고 능력만 있는 사람은 재능에 휘둘려 반드시 실패한다. 그러므로 우리는 인간으로서의 올바른 사고법, 즉 '플러스 사고법'에 기초하여 '마음'을 갈고닦는 일에 힘써야 한다.

그렇다면 '플러스 사고법', '마이너스 사고법'이란 과연 무엇일까?

'플러스 사고법'이란 정의, 공정, 공평, 노력, 겸허, 정직, 박애 등의 단어로 표현되는 소박한 윤리관으로, 세계 어디서나 통용되는 보편적 가치를 말한다. '마이너스 사고법'은 '플러스 사고법'의 반대라고 생각하면 된다. 그것을 풀어 설명하면 다음과 같다.

### 플러스 사고법

항상 적극적, 긍정적, 건설적이다.

남과 함께 일하려고 애쓰는 협조성이 있다.

성실하고 정직하고 겸허하며, 무슨 일이든 노력한다.

이기적이지 않고 '만족'할 줄 알며 감사하는 마음이 있다.

선의로 가득하며 배려심이 있고 친절하다.

### 마이너스 사고법

매사에 소극적, 부정적, 비협조적이다.

어둡고 악의가 가득하며 의도가 불량하다.

타인을 계략에 빠뜨리려 한다.

불성실하고 거짓말하며 교만하고 게으르다.

이기적이고 탐욕스러우며 불평불만이 많다.

자신의 잘못은 제쳐둔 채 남을 원망하고 시기한다.

살다 보면 행운도 만나고 불운도 만난다. 훌륭한 인생을 원한다면 행운이든 불운이든 인생에서 일어나는 모든 일을 '플러스 사고법'으로 받아들여야 한다. 그러나 사람들은 막상 그런 일에 맞닥뜨렸을 때 이런 인생 철칙을 잊곤 한다.

그래서 불운이나, 곤경, 곤란한 일을 만나면 그것 때문에 너무 괴로운 나머지 세상을 원망하고 남을 시기하며, 한탄과 불평불만을 터뜨리기 일쑤다. 그래서 인생을 더욱 어둡고 괴롭게 만드는 사람이 많다.

한편 남들이 부러워할 만큼 복을 많이 받은 사람은 기

고만장해져 자신의 행운을 당연하게 여기기 쉽다. 그래서 욕망을 더욱 부풀리며 겸허함을 잃어버리고 오만불손해진다. 주위 사람들에게 큰 폐를 끼치는 데도 그것을 알아채지 못하고 이기적인 행동을 일삼는다. 그 결과 모처럼 잡은 행운도 놓쳐버리고 금세 몰락하는 경우가 많다.

특히 앞으로 살아갈 날이 많이 남은 젊은이들은, 자신의 길을 개척하는 과정에서 같은 전철을 밟지 않기를 바란다. '플러스 사고법'으로 행운이든 불운이든 나에게 닥친 모든 일에 긍정적으로 대처하도록 노력하는 것이 바람직하다. 훌륭한 인생의 비결은 오로지 '플러스 사고법'에 있다 해도 과언이 아니다.


## 홀딱 반할 만큼 멋진 사람이 될 것


이 책은 멋진 인생을 살기 위해 올바르고 깨끗하고 굳세고 순수한 '사고법'을 갖는 일, 즉 아름답고 고매한 인격을 구축하는 일이 얼마나 중요한가에 대한 이야기를 내 체험담과 함께 엮어낸 것이다.

이 책은 '큰 뜻을 품을 것', '항상 긍정적인 태도를 유지할 것', '노력을 아끼지 말 것', '성실하게 일할 것', '창의적으로 궁리할 것', '좌절하지 말 것', '순수한 마음을 유지할 것', '성실하게 일할 것', '겸허할 것', '세상과 남을 위해 행동할 것' 등 9개의 장으로 구성되어 있으며 각 장은 독립된 주제로 이루어져 있다. 그러나 '인생은 사고법에 좌우된다.'라는 본질은 모든 장에 공통적으로 적용되는 대전제이다. 이 책을 다 읽을 즈음이면 인생을 행복하게 만들기 위한 '인간의 자세'에 대해 자신만의 생각을 갖게 될 것이다.

누구에게나 인생은 단 한 번뿐이다. 그런 소중한 인생을 보람차고 멋지게 만들기 위해서는 자신의 '사고법'을 아름답고 고상하게 가꾸는 데 힘써야 한다. 즉, 모든 면이 뛰어난 인격을 갖추자는 의미에서 '완전한 인간'을 지향하려고 노력해야 한다.

내가 이상적으로 여기는 '완전한 인간'은 선한 생각에 깊이 뿌리박은 채 인간으로서의 올바른 뜻을 관철하는 사람이다. 그런 사람은 모두가 "아, 저 사람은 멋진 사람이다."라고 칭찬하고, 홀딱 반할 만큼 훌륭한 인격을 지녔다.

또 능력이 뛰어날 뿐만 아니라 사람들이 자연스럽게 '저 사람과 인생을 공유하고 싶다.', '함께 일하고 싶다.', '저 사람이 있어서 다행이다.'라고 생각할 만큼 훌륭한 성품을 지닌 사람이어야 한다.

지금은 그렇지 않더라도 언젠가 그런 사람이 되고 싶다는 소망을 항상 간직하는 것이 중요하다. 그렇게 지속적으로 노력하면 누구나 훌륭한 인격을 갖출 수 있다. 원래부터 훌륭한 인격을 타고나는 사람은 없다. 사람은 평생을 사는 동안 자신의 의지와 노력으로 사고법과 인격을 연마해야 한다.

이 책이 그처럼 끊임없이 자신을 갈고닦아 인생을 멋지게 가꾸려는 독자 여러분에게 조금이라도 도움이 되기를 간절히 바란다.

# 큰 뜻을 품을 것

"고상하고 큰 꿈을 그려라."

# 명랑

## 明朗

---

인생은 멋진 희망으로 가득하다.
끊임없이 꿈을 꾸며
낭만적이고 긍정적인 '사고법'을 유지한다면
미래는 활짝 열릴 것이다.

01

## 미래에 대해 한없는 낭만주의자가 되라

교세라를 창업했을 때, 나는 나 자신을 '꿈꾸는 사나이'로 자칭하며 직원들에게 내 꿈 이야기를 자주 했다. 그리고 '언제까지나 꿈을 좇는 것을 잊지 말자.', '청년 같은 마음을 간직하자.'고 다짐하며 지금까지 살아왔다.

돌아보니, 멋진 꿈을 간직하는 일이 얼마나 중요한지 깨달은 것은 고등학교 1학년 때였던 것 같다.

일본이 전쟁에서 패한 지 3년도 채 되지 않았을 때라 내가 살던 가고시마 시내는 아직 온통 쑥대밭이었다. 당시 내가 다니던 고등학교도 판잣집 같은 허술한 건물이었는데, 해안 가까이에 위치한 덕분에 사쿠라지마(가고시마 북쪽에 있는 화산섬 - 옮긴이)가 연기를 뿜는 것을 교실에서 정면으로 볼 수 있었다.

그때 우리 국어 선생님은 굉장한 낭만주의자였다. 평소 수업 때마다 유명한 작가들의 소설 등을 가지고 수업을 했는데, 하루는 수업 중에 불쑥 이런 말을 하셨다.

"나는 매일 사랑을 합니다."

무슨 말인가 싶어 귀를 기울였더니 선생님은 이런 설명을 덧붙이셨다.

"나는 매일 사쿠라지마를 보며 자전거를 타고 학교에 옵니다. 그 사쿠라지마를 사랑합니다. 웅장한 산그늘, 뭉게뭉게 피어오르는 연기, 그 끓어오르는 열정을 동경합니다."

패전 직후라 입에 풀칠하기도 힘들 만큼 가난한 시절이었는데도, 선생님은 우리가 멋진 꿈을 꿀 수 있도록 희망을 주었다. 그 덕분에 나도 밝고 즐겁고 희망적인 꿈을 가지려고 매일 노력하며 살게 되었다.

물론 현실은 결코 녹록지 않았다. 나는 초등학교 고학년 때 결핵을 앓다 죽을 뻔했다. 중학교 입시에 두 번이나 실패했고 대학 입시도 낙방했다. 대학 졸업 후에도 희망하는 회사에 취직하지 못했다. 그야말로 온통 좌절로 얼룩진 청춘이었다. 그럼에도 불구하고 인생에 대한 낭만과 낙관을 잃지 않았던 것, 보람 있게 살려고 노력할 수 있었던 것은, 그때 그 국어 선생님의 가르침 덕분이었다.

인생은 멋진 희망으로 가득하다. 끊임없이 꿈을 꾸며 낭만적이고 긍정적인 사고법을 유지한다면 미래는 더욱 활짝 열릴 것이다. 나는 불우한 청소년기를 보냈지만 그럼에도 끊임없이 꿈을 꾸었고 희망을 잃지 않았다. 그렇게 긍정적인 사고법을 유지하려고 애썼던 덕분에 지금의 내가 있다고 믿는다.

그래서 나는 지금도 입버릇처럼 "아무리 상황이 어려워도 자신의 인생과 회사의 장래를 비관적으로 보아서는 안 된다."라고 말한다. 지금의 상황은 몹시 힘들고 괴로울지 모른다. 그러나 '앞으로의 인생은 분명 밝을 것이다.', '우리 회사는 앞으로 반드시 발전할 것이다.'라고 믿어야 한다. 그처럼 긍정적인 사고법을 유지해야 한다.

절대 불평불만을 늘어놓거나 어둡고 우울한 감정을 품지 말자. 남을 원망하거나 미워하거나 시기해서는 더더욱 안 된다. 그런 부정적인 생각은 인생 전체를 어둡게 만든다.

큰
뜻을
품을
것

멋진 인생을 사는 사람의 사고법은 항상 긍정적이게 마련이다. 그들은 남들이 재앙이라고 느낄 만한 사건까지도 긍정적으로 받아들이고, 그것을 자신을 성장시킬 좋은 기회로 여기며 감사하게 생각한다. 그러다 보면 실제로 아무리 암울한 인생도 분명히 조금씩 나아진다.

세상만사가 내 마음과 생각에 달려 있다. 마음의 태도, 즉 사고법에 따라 인생도 일도 그 결과가 180도 달라진다. 지극히 당연한 이야기지만, 미래에 대해 희망을 품고, 밝고 적극적으로 행동하는 태도야말로 인생과 일에서 성공하기 위한 첫 번째 조건이다.

# 원망

## 願望

---

자신의 가능성을 한결같이 믿고
실현되기를 굳세게 소망하면서 노력하면
어떤 고난이 닥쳐와도
염원은 반드시 실현된다.

## 02

## '반드시 된다'고 믿으면 '반드시 된다'

우선 '이런 인생을 살고 싶다.', '장래에 이런 사람이 되고 싶다.', '회사를 이렇게 성장시키고 싶다.'는 소망을 품어야 한다. '어떤 역경에도 꺾이지 않고 바위를 뚫을 듯한 일념으로 해내겠다.' 하는 그런 굳세고 고상한 소망을 품는 것이 성공의 원천이다.

자신의 가능성을 한결같이 믿고 실현되기를 굳세게 소망하면서 노력하면, 어떤 고난이 닥쳐와도 염원은 반드시 실현된다. 인간의 소망에는 우리의 상상을 뛰어넘는 엄청난 힘이 숨어 있기 때문이다.

여기서 말하는 '굳센 소망'이란, 잠재의식까지 침투한 '염원'을 말한다. 그처럼 강렬한 염원으로까지 발전시킬 수 있는 소망을 품기를 바란다.

소망을 잠재의식에 침투시키려면 어떻게 해야 할까? 자나 깨나 그것을 깊이 생각해야 한다. 언제나 그 소망만을 집요하게 생각한다. 그러면 잠재의식이 잠잘 때도 쉬지 않고 일하며 소망을 실현하는 방향으로 우리를 인도할 것이다.

'적극 사고'를 주장한 사상가 나카무라 덴푸는 그렇게 계속 소망하는 모습을 다음과 같이 단적으로 표현했다.

"새로운 계획의 성취는

오로지 흔들리거나 꺾이지 않는 일념에 달려 있다.

그러므로 전심으로 생각하라.

고상하게, 굳세게, 한결같이."

이것은 내가 과거에 교세라의 경영 구호로 내걸었던 말이다. 또한 일본항공을 재건할 때도 직원 한 사람 한 사람의 의식개혁을 위해 각 사업장에 내붙였던 말이다.

여기서 "새로운 계획의 성취는 오로지 흔들리거나 꺾이지 않는 일념에 달려 있다."란, 어떤 고난이 닥쳐와도 한 마음으로 끊임없이 소망하는 것이 중요하다는 말이다. 또 "그러므로 전심으로 생각하라. 고상하게, 굳세게, 한결같이."란, 소망이 매우 강하고 확고해야 한다는 말이다.

덴푸는 뒤이어 이렇게 말했다.

"설령 인생행로를 걷다가 도도한 운명의 탁류에 내던져진다 해도, 또 불행이나 병마의 포로가 된다 해도 결코 번민하거나 두려워하지 말라."

살다가 운명에 희롱당하고 불행을 맞닥뜨린다 해도 오로지 성공하기를 소망하라는 것이다. 결코 이런저런 생각으로 마음을 어지럽혀서도, 번민으로 괴로워해서도, 두려워해서도 안 된다.

대부분의 사람들은 무언가 소망하다가도 "하지만 상황이 어려워져서 실현하기 힘들겠어."라며 금세 뒤로 물러서곤 한다. 그런데 이처럼 "하지만"이나 "그러나" 같은 걱정이 끼어드는 순간, 소망의 힘은 사라지고 만다. 그러므로 일체의 의심을 버리고 반드시 실현될 것이라고 믿으며 굳세게 소망해야 한다.

그렇게 '굳센 소망'을 품고 살면 그것을 실현하기 위한 노력도 저절로 솟아난다.

교세라는 창업 당시 자본금이 겨우 300만 엔이었고 직원이 28명이었다. 정부의 정책이나 시장상황이 조금만 불안해지거나 요동쳐도 무너지기 쉬운, 작은 규모의 영세 기업이었다. 그러나 나는 그처럼 설비도 없고, 자금도 없고, 한 치 앞을 모르는 상황에서도, 직원들에게 매일같이 "일본 제일이 되자.", "세계 최고가 되자."라는 원대한 꿈을 이야기했다.

뜬구름 잡는 소리 같긴 했지만, 그래도 기회가 있을 때마다 직원들에게 반복해서 그 이야기를 했다. 하지만 교토 안에도 당시의 교세라가 도저히 따라잡을 수 없을 것 같아 보이는 대기업이 많았기에 "직원 100명도 안 되는 중소 영세 기업이 세계 최고가 되겠다니, 농담이 지나친 것 아닌가요?"라는 말도 자주 들었다. 그래도 나는 멈추지 않고 내 소망을 진지하게 되풀이해 이야기했다.

그러자 언제부턴가 직원들도 내 꿈을 진심으로 믿게 되었고, 그 꿈을 실현하기 위해 밤낮으로 힘을 합쳐 한결같은 노력을 기울이기 시작했다.

이제 교세라는 파인 세라믹 분야에서 세계 최고의 기업이 되어 매출 1조 5,000억 엔을 달성할 정도로 성장했다. 내가 "일본 제일이 되자, 세계 최고가 되자."라고 끊임없이 소망하고 말한 덕분에 회사의 '꿈'이 결국 실현된 것이다. 나는 그렇게 믿는다.

# 신념

## 信念

---

앞이 보이지 않는 상황에서도
목표를 계속 좇으려면
어둠을 비춰줄 '빛'이 있어야 한다.
신념이라는 빛이 있다면
오로지 한 길을 걸어
성공에 다다를 수 있다.

## 03

## 신념은 깜깜한 터널을 밝히는 횃불이다

비즈니스를 하다 보면 도전적이고 독창적인 일을 시도할 때마다 반드시 장애에 맞닥뜨리게 된다. 그런데 전례가 없을 만큼 대단한 일을 해낸 사람들에게는 공통점이 하나 있다. 단 하나의 '신념'으로 자신에게 지속적으로 용기를 불어넣으며 그런 장애를 극복했다는 점이다.

창의적인 일을 한다는 것은, 깜깜한 어둠 속을 더듬어 나아가는 듯한 일이다. 그처럼 앞이 보이지 않는 상황에서도 목표를 계속 좇으려면 어둠을 비춰줄 '빛'이 있어야 한다. 그 빛은 바로 '신념'이다.

특히 창조적인 일에 종사하는 사람일수록 마음속에 확고한 '신념'이 있어야 한다. 신념이라는 빛이 있어야만 오로지 한 길을 걸어 성공에 다다를 수 있다.

그렇다면 '확고한 신념'이란 과연 무엇일까? 그것은 '남을 돕겠다'는 아름다운 마음이다. 이것을 내가 제2전전을 설립했던 경험에 비추어 이야기해보겠다.


1984년, 일본의 비즈니스계는 전기통신 사업 자유화라는 대대적인 전환점을 맞았다. 그때까지 국책 회사로 운영되었던 전기공사가 민영화되어 NTT로 바뀜과 동시에 일반 통신업체의 시장 진출이 가능해진 것이다.

당시 일본은 국내 장거리 전화요금이 매우 비싼 편이었다. 그것은 국민 대부분이 인정하는 사실이었다. 나 역시 일본의 통신요금이 다른 나라들에 비해 너무 비싸서 국민들에게 큰 부담이 될 뿐만 아니라, 정보화 사회로 발전하는 데 방해된다는 생각을 자주 했다.

그러던 중에 민간 기업의 신규 참여가 허용되었고, 우선은 경제단체 등을 중심으로 대기업들이 컨소시엄(연합체)을 이루어 사업을 시작할 것이라고 예상했다. 그러나 NTT에 대항할 자신이 없어서 그랬는지 모두가 망설이고만 있는 모양이었다. 참고로 당시 신규 사업자가 경쟁해야 하는 NTT는, 매출이 무려 4조 엔이나 되었고, 메이지 유신(일본의 근대화를 이룩한 개혁 운동 – 옮긴이) 이후 전국 방방곡곡에 전화회선을 깔아두는 등 방대한 기반을 이미 확보한 상태였다.

상황이 이렇다 보니, 설사 대기업들이 컨소시엄을 만들어 도전한다 해도 통신요금을 조금 인하하는 수준에서 만족할 게 뻔했고, 결국 NTT와 공존하는 시장구도를 형성할 것 같았다. 그 말은, 저렴한 장거리 전화요금을 원하는 국민들의 기대와는 관계없이 대기업끼리 이권을 조금 나눠가질 뿐, 진정한 경쟁이 이루어지기는 어려워 보였다는 뜻이다. 그런 상황을 지켜보고 있자니 참으로 답답하고 안타까웠다. 내가 직접 장거리 통신사업에 뛰어들어 통신료를 인하해보면 어떨까 하는 생각을 했다.

그러나 곧바로 결단을 내릴 수는 없어서 그때부터 매일 자문자답을 하기 시작했다. 내가 통신사업에 진출하려는 것이, 정말로 국민들을 위해 통화료를 인하하고 싶다는 순수한 마음에서 나온 생각일까? 혹시 거기에 돈을 더 많이 벌고 싶다거나 세상 사람들에게 인기를 끌고 싶다는 사심이 섞여 있지는 않을까? 나는 그 의문을 "내 동기는 선한가, 사심은 없는가?"라는 질문에 담았고, 아무리 늦은 시간이라도 매일 밤 잠들기 전에 그 질문을 스스로에게 반복해서 던졌다. 그렇게 매일 밤 이 문제를 곰곰이 생각하며 잠들었다.

내가 매일 그 질문을 반복한 이유가 있다. 나는 어떤 사업이든 동기가 선하면, 즉 아름다운 마음에서 시작하면 결과도 반드시 좋다고 믿었기 때문이다. 반대로 동기가 불순하면 결코 좋은 결과를 얻을 수 없다고 믿었다.

그렇게 반년쯤 자문자답한 후에야 나는 내 동기가 선하며 사심이 전혀 없음을 확신하게 되었다. 그때부터 "아무리 어려운 사업이라도 도전해보자."라는 용기와 열의가 솟구쳐 제2전전의 창업을 전격 결의하고 발표할 수 있었다.

그 후 우리 회사뿐만 아니라 구国 국철을 모체로 한 '니혼텔레콤', 그리고 일본도로공단과 건설성(현 국토교통성), 도요타가 합세한 '일본고속통신'까지 새로운 사업에 뛰어들어 신규 회사 3사가 경쟁하기 시작했다.

우리 제2전전은 통신망 등 기반 시설뿐만 아니라 기술,

자금, 신용, 영업력 등 모든 측면에서 다른 두 회사에 비해 턱없이 뒤떨어지는 상황이었음에도 불구하고, 서비스 개시 직후 시장을 압도적으로 주도할 수 있었다. 또 그 후에도 눈부신 발전을 거듭하여 지금까지 KDDI로 이름을 바꾸어 왕성한 활약을 펼치고 있다.

열악한 상황에서 맨주먹으로 시작한 KDDI가 이렇게 잘된 이유가 무엇이었을까? 처음 사업을 시작할 때 제2전전이 가진 것은 오직 "세상을 위하고 남을 위한다."는 마음뿐이었다. 그처럼 순수하고 아름다운 마음으로 일편단심의 노력을 거듭한 것이 성공의 가장 큰 비결이라고, 나는 아직도 그렇게 생각한다.

사업 초기에는 이런저런 중상모략도 많이 당했다. 사방에 온통 악조건뿐이었다. 그러나 세상과 남을 위해 꼭 필요한 일을 한다는 신념이 있었으므로 그런 역경을 전부 극복할 수 있었다.

이런 일을 멋진 말로 표현한 사람이 있다. 20세기 초에 영국에서 활약한 계몽 사상가 제임스 알렌James Allen이다.

그는 자신의 저서《생각하는 그대로》에서 이렇게 말했다.

  "마음이 깨끗한 사람일수록,

  눈앞의 목표든 인생의 목적이든

  때 묻은 사람보다 훨씬 쉽게 달성하는 경향이 있다.

  깨끗한 사람은 때 묻은 사람이 패배를 두려워하여

  도전을 꺼리는 일에도 태연하게 도전하여

  너무나 간단히 승리를 얻어가곤 한다."

나는 이 말이 인생의 진리가 담긴 멋진 말이라고 생각한다.

주위를 둘러보면, 그다지 똑똑해 보이지 않는 사람인데도 신념에 기초하여 위험을 짊어지고 최고의 노력을 거듭한 끝에 성공을 거두는 모습을 종종 볼 수 있다. 반대로, 머리 좋고 재능 있는 사람이 온갖 지혜를 동원하여 용의주도하게 일을 추진했는데도 결국 실패하는 모습도 종종 볼 수 있다.

이렇게 다른 결말을 맞이한 이유가 무엇일까? 성공의 열쇠는 어디에 있을까? 바로 순수하고 굳센 마음이다. 그 마음에서 나온 신념에는 어떤 지혜로운 전략과 전술에도 없는 강력한 힘이 숨어 있다.

미래를 짊어지고 나갈 젊은이들이라면 더더욱, 반드시, 신념의 힘을 믿어야 한다. 한없이 순수하고 강렬한 신념을 가슴에 품고 한결같은 노력을 기울여야 한다. 그런 '사고법'으로 힘껏 살다 보면 인생은 더욱 충실해질 것이고, 이 사회 역시 더욱 풍요롭고 아름다워질 것이다.

# 2

## 항상 긍정적인
### — 태도를 유지할 것 —

"밝은 마음에는 반드시
행운이 깃든다."

# 진보

## 進步

---

자신에게 무한한 가능성이 있다고 믿고
필사적으로 노력해야 한다.
그렇게 가능성을 믿고 노력해야
인간은 진보할 수 있다.

## 04

## 가능성을 믿어야 노력할 수 있고 진보할 수 있다

내가 누구에게나 무한한 가능성이 있다고 믿기 시작한 때는, 아마도 대학 입학시험을 준비하던 고등학교 3학년 무렵일 것이다.

신은 세상과 인간을 공평하게 만들었다. 그래서 모든 사람에게 무한한 가능성을 내려주었다. 그 가능성을 발휘하는 사람과 그렇지 못한 사람이 있을 뿐, 본질적으로 머리가 좋거나 나빠서 성공하고 실패하는 것이 아니라는 말이다.

이것이 그때부터 이어져온 내 신념이다. 교세라를 창업한 뒤에도 이 신념이 유일하게 나를 격려해주었다.

모든 사람에게는 무한한 가능성이 있으며 노력하기만

하면 그것을 멋지게 발휘할 수 있다. 그러므로 집안이 가난하고 머리가 나쁘다고 포기해서는 안 된다. 자신에게 무한한 가능성이 있음을 믿고 필사적으로 노력해야 한다. 그렇게 가능성을 믿고 노력해야 인간은 진보할 수 있다.

무언가 대단한 것을 성취하는 사람들은 어려움에 처하더라도 노력만 하면 문제를 반드시 해결할 수 있다고 낙천적으로 믿는다. 한순간도 망설이지 않고, 추호의 의심도 없이, '무한한 가능성을 믿고 노력하기만 하면 된다.'라고 믿는 것이다. 그런 사람만이 벽을 돌파한다.

그 교훈을 삶으로 증명한 사람이 있다. 100년쯤 전에 활약한 영국인 탐험가 어니스트 새클턴Ernest Henry Shackleton이다. 그는 남극 탐험대를 3번이나 이끌었던 영웅으로 유명한데, 특히 그가 발표했던 탐험대원 모집 공고문이 잘 알려져 있다. 거기에는 다음과 같이 쓰여 있었다고 한다.

힘들고 보수도 적음.
혹한의 추위에 시달릴 것이고
몇 달간 지속되는 어둠을 견뎌야 함.

계속되는 위험으로 안전한 귀환을 보장하지 못함.

다만 성공할 경우 영광과 명예를 얻을 수 있음.

– 어니스트 섀클턴

당시 섀클턴은 인류 역사상 최초로 남극대륙 횡단을 계획하고 있었다. 남극점에는 다른 탐험대가 이미 도달했지만 아직 남극대륙을 횡단한 탐험대는 없었다. 하지만 남극대륙 횡단이란, 일단 시작하면 살을 에는 추위와 극심한 폭풍을 뚫고 전진해야 하는 일인 데다 살아서 돌아온다는 보장조차 없는 어려운 도전이었다. 게다가 성공한다 해도 큰 보수를 받을 수 없는 열악한 조건이었다.

조금이라도 두려워하거나 망설이는 사람이라면, 또 '할 수 있다.'는 가능성을 조금이라도 의심하는 사람이라면, 이 위험천만한 일에 결코 도전하지 못했을 것이다. 그러나 바로 그것이 섀클턴의 대원 모집 공고문에 실린 속뜻이 아니었을까?

그는 지금껏 아무도 성공하지 못했지만 가능성을 믿고 노력하기만 하면 위업을 성취할 수 있다고 진심으로 믿는 사람만을 탐험대원으로 뽑으려 한 것이다. 그런 사람이 모인 팀이어야만 역경을 만나더라도 좌절하지 않고 전진할 수 있으리라고 믿었을 것이다.

실제로 섀클턴이 이끄는 탐험대는 상상했던 것보다 훨씬 더 심각한 재난에 빠졌다. 탐험대 20명을 태운 인듀어런스호가 유빙에 갇혀 부서진 채 침몰한 것이다. 남극대륙에 도착하기 직전에 배를 잃은 그들은, 장비도 식량도 부족한 채로 유빙 위에 남겨졌다.

그러나 섀클턴은 이 절체절명의 위기 속에서도 강한 지도력을 발휘하여 절망에 빠지려는 대원들을 격려하고 희망을 불어넣었다. 그는 우선 얼음 위에 캠프를 친 다음, 줄어든 식료품을 최대한 보존하면서 바다표범이나 펭귄을 잡아 식량으로 활용했다. 또 바다표범의 기름을 연료로 쓰면서 대원들의 생명을 유지하도록 했다.

그런데 설상가상으로 캠프 아래의 얼음이 둘로 갈라지자, 섀클턴은 대원들을 구명보트에 옮겨 타게 하고 폭풍이 휘몰아치는 남극해상에서 상륙할 만한 섬을 찾아 나서기로 한다. 영하 40도에 가까운 추위 속에서 엔진도 없이 보트와 노만 가지고 얼어붙은 물보라를 온몸으로 맞아가며, 있는지 없는지도 모르는 목표를 향해 나아가는 그들의 모습은 그야말로 비장함 그 자체였을 것이다.

그러나 섀클턴은 그런 슬프고 두려운 마음을 전혀 내비치지 않은 채 의연하게 대원들을 인솔하여 계속 전진했다. 그는 그렇게 섬에서 섬으로, 해협과 산맥을 넘어 나아가며 극한의 땅에서 22개월 동안 살아남았고, 결국 대원 28명 전원을 무사히 생환시키는 데 성공했다.

섀클턴은 남극대륙 횡단이라는 도전에는 실패했지만, 죽음 앞에서도 결코 포기하지 않고 자신의 가능성을 추구하는 자세만은 평생 변하지 않았다고 한다. 이렇게 실패를 두려워하지 않고 미지의 영역에 도전하는 사람들만이 다른 사람이 흉내 낼 수 없는 위업을 달성한다.

이것은 탐험대에만 해당되는 이야기가 아니다. 인류의 역사를 바꿀 만큼 위대한 발명이나 발견을 해낸 모든 위인들은 자신의 무한한 가능성을 한결같이 믿은 덕분에 남들이 모두 불가능하다고 여겼던 일을 해냈다. 그 결과 인간은 진보했고 사회는 발전했다. 처음부터 '불가능하다.'며 포기했다면 인간은 전혀 진보하지 못했을 것이다.

'이건 좀 어려운데.'라고 생각하는 순간 그 일은 이미 불가능해진다. "실현하기가 조금 어렵겠다고 생각했을 뿐입니다. 그래도 어떻게든 될 거라고 생각하기는 합니다만…."이라고 항변하고 싶은가? 하지만 마음이 조금이라도 흔들린 순간, 그 일은 이미 틀린 것이다. 의문이나 불안이 한순간이라도 머리를 스쳤다면, 그 후에 아무리 '노력하면 가능하다.'라고 자신을 설득해도 소용이 없다. 한순간의 머뭇거림, 망설임, 의심이 무한한 가능성을 시들게 한다.

도전적이고 독창적인 일일수록 끈질기게 노력을 거듭해야 달성할 수 있다. 그처럼 끈질기게 버틸 수 있는 것은 진심으로 '할 수 있다.'고 믿기 때문이다. 마음속에 '반드시 할 수 있다.'는 신념이 있어야 긴 세월을 끈질기게 노력하며 장애를 극복할 만한 투지도 솟아난다.

# 현명

## 懸命

---

사람은 궁지에 몰려 전전긍긍하다가도
진지한 태도로 문제와 맞붙기만 하면
평소에 상상도 못했던 힘을 발휘할 수 있다.

## 05

**단 하나의 목표를 정해 필사적으로 매달려라**

나는 1932년, 가고시마에서 7남매 중 둘째로 태어났다. 어릴 때는 아버지가 인쇄업을 하셨고 그럭저럭 잘되어서 비교적 윤택한 편이었다. 하지만 2차 세계대전이 끝난 1944년을 기점으로 형편이 확 바뀌었다. 그 해에 나는 지역 내 명문 중학교의 입학 시험에 떨어졌고, 이듬해에는 결핵에 걸려 죽음의 문턱까지 갔다 왔다. 게다가 집은 미군의 공습으로 불타 없어져버리고 말았다.

패전 이후의 생활은 매우 궁핍했지만, 그나마 담임 선생님의 강력한 권유와 가족들의 지원 덕분에 가까스로 고등학교에 진학했고 대학 입학 시험을 볼 기회도 얻었다. 그러나 희망하는 대학의 의학부에 들어가지 못했기에 어쩔 수 없이 지역에 새로 생긴 대학의 공학부에 입학했다.

대학에 들어가서는 정말 필사적으로 공부했다. 그러나 불행히도 내가 졸업한 1955년은 한반도 전쟁이 끝난 후 취직난이 심할 때였다. 그래서 새로 생긴 지방 대학을 졸업한 데다 별다른 연고도 없는 나 같은 사람이 일자리를 찾기는 쉽지 않았다.

천만다행으로 은사가 교토에서 송전선용 애자(전선을 전봇대 등에 고정하고 절연하기 위해 사용하는 지지물 - 옮긴이)를 생산하는 회사를 소개해주어서 취직이 되기는 했지만 대학에서 전공했던 유기화학과 전혀 관련 없는 일을 해야 했으므로 마음에 썩 내키지는 않았다.


당시 나는 대학을 1등으로 졸업한 탓에 조금 건방진 면이 있었다. 또 막상 입사해보니 그 회사는 월급이 밀리기 일쑤인 만성 적자 회사였다. 사옥과 공장 설비는 물론이고 기숙사마저 오래되어 매우 열악한 환경이었다. 그래서 나는 입사한 그 순간부터 모든 것이 불만스럽게 느껴졌다. 당연히 재미도 없고, 의욕도 없었다.

상황이 그렇다 보니 함께 입사한 동기들도 얼마 못 가

회사를 차례차례 떠났다. 나 역시 군대에 입대하려 했으나 가족의 반대로 무산되고 결국은 적자 회사에 홀로 남겨지게 되었다.

혼자 남은 나를 지탱해준 사람은 두 살 아래의 여동생이었다. 동생은 썰렁하고 허술한 기숙사에서 자취를 하는 나를 차마 두고 볼 수 없었던지, 당시 일하던 가고시마의 백화점을 그만두고 '오빠를 보살피겠다.'며 교토로 왔다. 그리고 아침이면 기숙사 근처에 있는 메이지제과 공장으로 출근해 캐러멜 포장 일을 하고, 저녁에는 퇴근해서 기숙사에서 함께 지내며 나를 돌보아주었다.

동생은 1년 반쯤 아침저녁으로 내 식사를 챙겨주었다. 그 덕분에 밤늦게까지 연구를 계속할 수 있었다. 우리는 서로를 깊이 의지했다.

"울지 마라, 동생아. 동생아, 울지 마라. 울면 어린 우리가 고향을 버린 보람이 없잖아."로 시작되는 '인생의 가로수길'이라는 노래가 있는데, 그 노래를 들을 때마다 그때의 기억이 또렷이 떠오른다.

그러던 어느 날 나는 마음을 고쳐먹기로 했다. '언제까지나 한탄하고 우울해한들 무슨 소용이 있을까? 불평불만을 그만두고 지금 있는 직장에서 파인 세라믹 연구에 몰두해보자.'라고 결심한 것이다.

각오를 다지기까지는 반년 정도 걸렸지만, 일단 다짐을 하고 보니 이전의 불평불만과 방황이 씻은 듯 사라졌다. 그 후 취사도구까지 가져가 아예 회사 실험실에서 숙식하면서 실험을 했고, 도서관에서 최첨단 기술에 관한 논문을 빌려 밤새 읽었다. 그렇게 새로운 세라믹 조성 설계에서부터 생산에 이르는 공정 개발 기술을 전심전력으로 연구하기 시작했다.

투덜투덜 불평할 때는 무슨 일을 해도 잘 안 풀렸는데, 몰두해서 열심히 일했더니 연구에서도 상당한 성과가 나오기 시작했다. 그러자 상사도 나를 칭찬하기 시작했고 임원들까지 나이 어린 나에게 관심을 갖게 되었다. 주위 사람들의 응원과 격려가 더해지니 일이 점점 더 재미있어졌다. 순풍을 탄 듯 열심히 노력할수록 사내에서 나에 대한 평가는 점점 더 높아졌다. 이때부터 내 인생의 '선순환'이 시작되었다.

연구를 시작한 지 1년 반 정도 지났을 무렵, 나는 고토 감람석forsterite이라는 새로운 고주파 절연재를 합성하는 데 성공했다. 열악한 연구 환경 속에서 미국의 제너럴 일렉트릭GE 사에 이어 세계에서 두 번째로 이룩한 성과였다.

그리고 일본의 한 대형 전기회사가 내가 개발한 새로운 세라믹을 사용한 제품을 당시 급속히 보급되던 TV의 부품으로 채택해주었다. 그 덕분에 개발자인 내 노고가 보상받았을 뿐만 아니라 만성 적자에 시달리던 회사도 기사회생할 수 있었다. 나는 이때부터 회사에서 촉망받는 인재로 대접받기 시작했고, 젊은 나이였지만 현장 지도자로 발탁되기까지 했다.

그러나 이후 27세 때 신임 기술부장과 충돌한 사건을 계기로 회사를 그만두게 되었다. 그리고 내 기술을 기반 삼아 나를 도와주었던 사람들과 함께 파인 세라믹 부품 제조사인 교세라를 설립했다.

내 인생을 이렇게 돌아볼 때마다, 고난에 꺾이지 않고 긍정적이고 필사적으로 일했던 덕분에 오늘의 내가 있음을 깨닫는다. 힘껏 일하는 것이 얼마나 중요한지도 새삼

통감한다.

　사람은 궁지에 몰려 전전긍긍하다가도 진지한 태도로 문제와 맞붙기만 하면 평소에 상상도 못했던 힘을 발휘할 수 있다. 그리고 그 노력의 끝에는 자신조차 상상하지 못했던 멋진 미래가 펼쳐져 있을 것이다.

항상 긍정적인 태도를 유지할 것

# 자연
## 自
## 燃

---

죽을힘을 다해 일하는 것은 무척 괴롭다.
그 괴로운 과정을 매일 지속하려면
자신의 일을 좋아해야 한다.
일을 사랑하고 일에서 기쁨을 찾아야만
인생에 성공할 수 있다.

## 06

## 내 마음에 불을 붙일 사람은 나 자신뿐

세상에는 세 종류의 인간이 있다. 스스로 자신에게 불을 붙이는 자연성自燃性 인간과 불에 가까이 가면 불이 붙는 가연성可燃性 인간, 그리고 불에 가까이 가도 불이 붙지 않는 불연성不燃性 인간이다.

첫 장에서 '미래에 대해 한없는 낭만주의자가 되라.'고 말했지만 세상에는 그렇지 못한 사람이 훨씬 많다. 가연성 인간은 그나마 괜찮지만, 특히 불연성 인간은 낭만주의자와 정반대 되는 존재다. 낭만주의자는 스스로에게 불을 붙이는 자연성 인간이어야 한다. 남의 충고를 듣고, 또는 명령을 받고 일하는 것이 아니라, 그러기 전에 스스로 일하는 적극적인 사람 말이다.

무언가 목표를 성취하려면 불타오르는 듯한 큰 에너지가 필요하다. 그리고 그런 에너지는 자기 자신을 격려하고 스스로에게 불을 붙일 때에만 생겨난다.

그렇다면 자신에게 불을 붙이는 가장 좋은 방법은 무엇일까? 그 일을 좋아하는 것이다. '반해서 다니면 천리도 지척이다.'라는 말이 있듯, 좋아하면 아무리 먼 길도 힘들게 느껴지지 않는다. 반면 싫어하면 아주 사소한 일도 힘들게 느껴진다.

일을 좋아한다면 어떤 힘든 일이 있어도 '필사적으로 헤쳐 나가자!'라는 긍정적인 마음을 먹을 수 있다. 또 그렇게 온 힘을 기울여 무언가 성취하면 성취감과 자신감을 얻어서 다음 목표에 도전할 의욕도 생겨난다. 그런 과정이 반복되면 일을 더 좋아하게 되어 점점 더 노력할 것이고 더욱 큰 성과를 올릴 수 있다.

이것은 그야말로 내 경험에서 우러나온 말이다. 대학 졸업 후 입사한 회사에서 '일을 좋아하게 된' 덕분에 오늘의 내가 있다. 그것에 진심으로 감사한다. 일을 좋아하려고 노력하는 것, 이것이야말로 인생과 일에 성공하기 위한 핵심요소다.

앞에서 이야기했다시피, 나는 대학에서 유기화학을 전공했다. 그런데 무기화학계 회사에 취직이 되는 바람에 세라믹을 급하게 연구하기 시작했지만, 처음에는 전공과 관계없는 일이라서 마음이 썩 내키지는 않았다. 그러나 아쉬운 사람은 나였으므로 주어진 연구주제를 좋아하는 수밖에 없었고, 그래서 세라믹을 좋아하려고 애를 썼다.

기초 지식이 전혀 없어서 처음에는 문헌부터 읽기 시작했다. 대학 도서관에서 과거의 논문들을 빌려 공부했으며 사전을 옆에 끼고 미국 세라믹 협회의 논문을 읽었다. 당시에는 복사기가 없어서 필요한 문헌을 발췌하기 위해 중요한 부분만 대학 노트에 옮겨 적어야 했다. 이런 문헌 조사를 면밀히 진행한 후에 실험을 시작했다.

필사적으로 공부했더니 세라믹 분야에 흥미가 생겼고, 연구에 대한 열의가 솟았다. 그래서 대학 도서관에 더 자주 가서 문헌을 공부했고 그것을 실험과 업무에 응용하다가 또 궁금한 게 생기면 도서관에 갔다. 이렇게 내가 맡은 분야를 좋아하기 위해 필사적으로 노력한 끝에 결국, 앞서 이야기했듯 세계에서 두 번째로 새로운 재료를 합성하는 데 성공했다.

위대한 업적을 달성하는 사람은 자신의 일을 진심으로 사랑한다. 그들은 좋아하는 일을 직업으로 삼을 수 있었던 행운아거나, 마음을 고쳐먹고 마음에 들지 않았던 일을 좋아하기 위해 노력한 노력파, 둘 중 하나일 텐데 난 후자에 속한다.

직장인이 되든, 학문의 길을 걷든, 일단은 자신의 일을 '좋아하는' 것이 중요하다. '일을 좋아해야' 비로소 자신의 직업에 전심전력으로 매진할 수 있기 때문이다. 그러나 일을 좋아하려고 노력하는 과정이 그저 괴로울 뿐이라면 노력을 오래 지속할 수 없다. 일하는 짬짬이 기쁨과 즐거움도 찾아야 한다.

나는 다행히 그럴 수 있었다. 첫 회사에서 새로운 재료를 양산하기 시작했을 즈음, 나중에 교세라의 창립 멤버가 될 두 젊은이가 연구 조수로 입사했다. 우리는 일하다가 우울한 일이 생길 때마다 함께 야구를 했다.

두 사람 중 하나는 체구는 작지만 강속구를 던지는 데

다 제구력도 좋은 괜찮은 투수였다. 반면 또 한 사람은 언제나 외야의 붙박이였다. 야구를 한 적이 없어서인지 공이 외야로 나간 순간부터 야구장갑을 머리 위로 치켜든 채 그대로 달리는 것이 고작이었다.

처음에는 그런 서투른 자세로 공을 잡을 리가 만무해 보였지만 의외로 발이 빨라 공을 죽기 살기로 쫓아가 잡아내는 게 신기했다. 그 모습을 볼 때마다 우리 둘은 배를 잡고 웃었다. 그렇게 야구를 끝내고 기숙사에 돌아와 소주를 마시다가 잠드는 것이 우리 셋의 일과였다.

그러다 비가 와서 야구를 못하는 날이면 기계 닦는 걸레로 권투장갑을 만들어 권투하는 흉내를 냈다. 내가 금속 그릇을 징 대신에 '땡' 하고 치면 걸레 장갑을 낀 두 젊은이가 권투를 시작했다. 그런 식으로 연구실에서 시합을 한 적도 있다.

계속 긴장된 상태로 살면 몸도 마음도 버티지 못했을 텐데, 그렇게 긴장을 풀고 즐거움을 찾을 수 있었다.


그 사이에 연애도 했다. 내 첫사랑은 연구실에서 내 앞자리에 앉았던 네 살 연상의 여성이었다. 지적이고 고상해서 '이런 사람을 아내로 맞고 싶다.'는 마음에 애가 탔다. 하지만 그저 짝사랑이었기에, 온갖 핑계를 만들어 그녀의 곁에 다가가는 게 고작이었다.

나는 이처럼 긴장된 나날 속에서도 여가활동을 하고 짝사랑도 하면서 여유를 찾으려는 노력을 게을리 하지 않았다. 그런 균형 잡기가 훗날 내 인생에 매우 긍정적인 영향을 끼쳤다고 생각한다.

나는 이처럼 일상의 소소한 사건에서 기쁨과 즐거움을 찾았기 때문에 역경을 더 적극적으로 헤쳐 나갈 수 있었고, 힘든 일도 좋아하게 되었다고 생각한다. 그리고 일을 좋아하게 되자, 성과가 점점 향상되어 선순환에 접어들었고, 운명까지 긍정적으로 바뀌기 시작했다.

# 3

## 노력을 아끼지 말 것

"진정한 만족감은
최선을 다하는 사람에게만
주어진다."

# 근면

## 勤勉

성실하게, 최선을 다해 일하는 행위야말로
훌륭한 인간을 만드는 유일한 비결이다.
고생스러운 경험을 피하면서
훌륭한 인간성을 완성하는 사람은 없다.

## 07

## 성실함은 그 자체로 훌륭한 인간성이다

내가 열세 살 되던 해에 일본이 패전했다. 시대가 그렇다 보니 내가 사회생활을 하며 처음으로 깨우친 덕목도 '근면'이었다. 폐허가 된 일본 땅에서는 성실하게, 있는 힘껏 일하는 것 외에는 달리 살 길이 없었기 때문이다.

앞에서 잠깐 말했듯이, 우리 집도 당시에는 경제적으로 무척 어려웠는데, 이상하게 불행하다는 느낌은 별로 없었다. 아마도 그저 매일매일 성실히, 힘껏 사는 데 여념이 없었기 때문일 것이다.

너나 할 것 없이 다들 어려운 상황 속에서 근면하게 살았지만, 그중에서도 내 외숙부와 외숙모가 특히 인상 깊었다. 패전 후 만주에서 가고시마로 돌아와 맨손으로 채소 행상을 시작한 부부였다. 전쟁이 시작되기 전에 겨우 초등학교를 마쳤던 외숙부는 매일 새벽 도매시장에서 채소를 사와서 커다란 짐수레에 싣고 행상을 다녔다. 뒷말하기 좋아하는 친척들은 '저 사람은 배운 것도 없고 아는 것도 없어서 더운 날에도 큰 수레를 끌고 땀을 흘리며 행상을 한다.'라며 외숙부를 약간 깔보는 눈치였다.

외숙부는 체구가 작았다. 그런 사람이 자기 몸보다 훨씬 더 큰 수레에 채소를 가득 싣고 땡볕이 내리쬐는 여름날에도, 바람이 살을 에는 듯한 겨울날에도 장사를 나간다는 것은 결코 쉬운 일이 아니었을 것이다. 어린 나는 그 모습을 똑똑히 보았고 종종 감동했다.

아마 외숙부는 회계나 부기 같은 것은 전혀 몰랐을 것이다. 그래도 필사적으로 일해서 결국 번듯한 채소가게를 열었고 만년까지 그것을 잘 운영했다. 나는 어린 나이에도 그 모습을 보고, 배운 것이 없어도 묵묵히 성실하게 힘껏 일하면 멋진 결과를 얻을 수 있다는 사실을 깊이 깨달았다.

우리는 과연 이처럼 언제나 '성실하게 힘껏' 일하고 있을까? 요즘은 스스로 있는 힘껏 최선을 다해 일하지도 않으면서 모든 고난을 남 탓이나 사회 탓으로 돌리는 사람이 많은 것 같아 참으로 안타깝다.

당장 나의 처지나 환경을 바꿀 수는 없다. 그러므로 외부에서 불행의 요인을 찾는 한 영원히 마음이 채워지지 않을 것이다. 한편, 지금 당장은 좀 궁핍한 처지라 해도 근면하게 일하다 보면 반드시 행복이 찾아올 것이다. '근면'에 관해 우리가 모범으로 삼을 만한 사람이 있다. 니노미야 손토쿠다.

가난한 농가에 태어난 손토쿠는 어려서 부모님을 여의고 친척 집을 전전하며 자랐다. 어려서부터 고생을 많이 했지만, 무척 근면한 성품이었다. 그는 괭이와 가래를 한 자루씩 갖고 나가 아침에는 새벽별을, 저녁에는 저녁별을 보며 밭을 일구었고 결국은 황폐한 마을을 일으켜 세웠다. 그러자 당시 오다와라 번(藩, 에도시대 봉건제후의 영지 – 옮긴이)의 번주가 그 이야기를 듣고 가난한 지역을 부흥시키기 위해 손토쿠에게 도움을 청했다.

손토쿠는 농민들의 마음이 황폐해져서 마을이 황폐해

졌다고 생각했고, 자신이 먼저 손수 괭이와 가래를 들고 오로지 밭을 일구는 데 전념했다. 그 모습을 보고 주위의 농민들도 감동을 받고 그를 따라서 열심히 일하기 시작했다. 그러자 가난한 마을이 조금씩 일어나기 시작했다.

손토쿠는 만년에 그 업적을 인정받아 에도 막부(일본 무사정권의 통치기구 - 옮긴이)의 부름까지 받았다. 메이지 시대에 우치무라 간조라는 사람이 일본을 서구제국에 소개하려고 《대표적 일본인》이라는 책을 펴냈는데, 그 책에 니노미야 손토쿠는 이렇게 묘사되어 있다.

"에도 막부에 중용되었던 니노미야 손토쿠는 그야말로 빈농으로 태어났다. 그럼에도 소매를 걷어붙이고 행동에 나서면 마치 타고난 귀족처럼 보였다."

손토쿠는 비록 가난하게 태어났지만 귀한 신분으로 보일 정도로 행동거지가 훌륭했다는 것이다. 그 책에 의하면, 그의 모습이 명나라의 지체 높은 제후와도 같았다고 한다. 그것은 손토쿠가 농사를 하나의 수행으로 받아들이고 농사일을 하면서 자신의 인생관을 단련했기 때문이다. "노동이 인격을 만든다."는 것이 그의 철학이었다.

성실하게, 있는 힘껏 일하는 행위야말로

훌륭한 인간을 만드는 유일한 비결이다.

고생스러운 경험을 피하면서

훌륭한 인간성을 완성하는 사람은 없다.


젊을 때부터 최선을 다해 일하고 고생을 몸소 겪어내며 자신을 단련하고 연마해야만 훌륭한 인품을 갖추고 멋진 인생을 살 수 있다.

지금 형편이 어떻든지는 중요하지 않다. 남모르는 노력을 기울이며 죽을힘을 다해 일하는 것이 중요하다. 나는 그렇게 고생한 경험이 훌륭한 인간성을 만들고 풍요로운 인생을 실현한다고 믿는다.

# 향상

向上

---

하루하루를 헛되이 보내지 말고
전력을 다하여 살자.
그런 향상심을 갖고
꾸준히 노력하는 것을
잊어서는 안 된다.

## 08

## '만생종'일수록 하루하루를 진지하게

나의 능력은 얼마일까? 현재의 능력이 10이라 해도 자신을 10으로 평가해서는 안 된다. 능력이란 미래를 대비하여 개발하는 것이기 때문에, 얼마나 올라갈지 위로는 끝이 없다. 하루하루를 헛되이 보내지 말고 전력을 다해 살면 분명 그렇게 될 수 있다. 한계 없는 성장을 증명해 보여주겠다는, 그런 향상심을 갖고 꾸준히 노력하는 것을 잊어서는 안 된다.

식물 중에는 일찍 성장하여 열매를 맺는 '조생종'과 늦게 성장하지만 더 큰 열매를 맺는 '만생종'이 있다. 마찬가지로 어린 아이들 중에도 처음부터 영리하고 총명한 아이가 있는가 하면 어릴 때는 약간 어리바리하고 둔해서 공부를 못하다가 자라면서 점점 두각을 드러내는 아이가 있다.

그러므로 초등학교나 중학교 때 별로 눈에 띄지 않고 성적이 나쁘다고 해서 결코 비관해서는 안 된다. 만생종이라 늦게 성장할 뿐이니 마음을 다잡고 노력하기만 하면 된다. 자신에게는 한없는 가능성이 있다는 사실을 믿고, 최고의 노력을 기울이면 인간은 반드시 크게 성장할 수 있다.

'만생종' 이야기를 하니 나의 어린 시절이 생각난다. 나는 초등학교 때 공부를 거의 하지 않았다. 숙제조차 안 해가서 복도에 서 있을 때가 많았고, 매일같이 선생님께 꾸중을 듣는 불량한 학생이었다.

내가 공부를 안 한 데는 나름대로 이유가 있었다. 공부보다 더 재미있는 일이 많았기 때문이다. 우리 집 바로 옆에 고쓰키가와라는 개천이 있었는데 여름에는 거기서 붕어, 잉어, 새우, 게를 잡느라 바빴다. 또 겨울이 되면 가까운 야산에서 동박새를 잡느라 바빠서 도무지 공부할 틈이 없었다. 그 결과 학교 성적도 당연히 좋지 않았다.

공부도 안 했던 주제에 중학교는 왠지 모르게 좋은 학

교에 가고 싶어져서 가고시마 제1중학교 시험을 보았다. 결과는 당연히 낙방이었다. 이듬해에 재도전했지만 또 떨어져서 결국 1년 늦게 다른 사립 중학교에 진학했다.

중학교에 입학하고 나니 초등학교 때 공부를 하지 않은 것이 부끄러워지기 시작했다. 실제로 대수나 기하 같이 어려운 수학을 배우게 되자 초등학교 때 산수를 제대로 공부하지 않은 탓에 수업 진도를 따라갈 수 없었다. 그래서 초등학교 5학년과 6학년 산수 교과서를 다시 끄집어내서 혼자 한 달쯤 공부했다. 그랬더니 어려운 중학교 수학을 이해할 수 있게 되었고 심지어 수학이 특기가 되었다. 그 후로 공부에 흥미를 가지고 열심히 했고, 성적도 크게 올라 전교 1~2등을 다투게 되었다.

그러나 워낙 게으른 성격이라 그랬는지, 고등학교에 들어가자마자 마음이 다시 흐트러지고 말았다. 방과 후에 학교 운동장에서 야구를 하는 데 열중하기 시작했다. 전쟁 때문에 집이 불타 없어져서 가정 형편이 어려워졌고, 당연히 둘째 아들인 나도 부모님의 일을 도와야 했지만 나는 노는 데만 정신이 팔려 있었다.

그러던 어느 날 어머니가 나를 불러 진지하게 꾸중하셨다.

"생활이 여유로운 네 친구들과는 달리, 우리 집은 형제도 많고 아주 가난하단다. 그런데도 너는 매일 학교 끝나면 야구를 하며 놀기만 하는구나. 아버지와 형이 고생하는 것을 조금이라도 생각한다면, 너도 아버지 일을 돕는게 어떻겠니?"

그때 나는 형편이 무척이나 어려운데도 부모님이 나를 억지로 고등학교에 보내준 것을 깨닫고 크게 반성했다. 그래서 야구 친구들과 노는 것을 딱 끊고 집에 일찍 와서 아버지 일을 거들기로 했다. 예전부터 인쇄업을 하셨던 아버지는 때마침 종이봉투 장사를 재개한 참이었다. 나는 동네 사람들이 부업으로 만든 종이봉투를 팔러 다니기 시작했다.

그때부터 학교에서 일찍 귀가하게 되었고, 착실하게 공부하는 동급생 친구들과 함께 다니기 시작했다. 그 아이들은 모두 대학에 진학하려고 공부하는 중이었는데, 나에게도 〈형설시대〉라는 수험 잡지를 소개해주었다. 그 전까지는 고등학교를 졸업하자마자 취직할 생각이어서 대학에 전혀 관심이 없었지만, 친구들로부터 때 지난 〈형설시대〉를 빌려 읽다 보니 '와, 세상에 이런 세계가 있었구나. 나도 그 세계에 가고 싶다.'라는 생각이 들었다.

그 후에도 학교 수업을 마치면 여전히 종이봉투를 팔러 다녔지만, 밤에는 정말로 열심히 공부했다. 공부도 하다 보니 욕심이 생겨, 하면 할수록 더 잘하고 싶어졌다. 그 덕분일까? 그전까지는 성적이 별로였는데, 고등학교를 졸업할 때는 상위권으로 올라서게 되었다.

그러나 유감스럽게도 지망했던 대학에 떨어져서 하는 수 없이 지역 내의 신설 대학인 가고시마 대학 공학부에 입학했다. 솔직히 말해, 돈도 없는데 집에서 통학할 수 있는 대학에 들어간 게 어떻게 보면 참으로 다행이라고 생각했다. 그래서 언제나 슬리퍼에 점퍼를 걸친 편안한 차림으로 학교를 다녔다.

고등학교 후반부터 공부에 갑자기 흥미가 생긴 덕분에 대학 시절에는 줄곧 공부벌레처럼 살았다. 학문에 대한 흥미가 솟아나, 학교에서 돌아오는 길에는 반드시 현립도서관에 들러 내가 제일 좋아하는 화학에 관한 책을 빌려서 공부했다. 대학교 4년 동안은 누구보다도 열심히 공부했다고 자부할 수 있을 만큼 노력했다. 시험 성적도 항상 상위였다.

대부분의 시험이 그렇지만, 대학에서 보는 시험도 과목별로 범위는 여기서부터 여기까지고 시험은 언제 본다고 정해져 있다. 그래서 그 범위를 시험 날까지 복습해두면 점수가 나오게 되어 있다.

요즘 대학생들은 그러지 않겠지만, 내가 대학에 다닐 때만 해도 내 동급생들은 공부를 제대로 하지 않았다. 예를 들어 시험을 며칠 앞둔 어느 날 친구가 놀러 와서 "야, 영화 보러 가자."라고 하면 친구관계도 중요하다면서 영화를 보러 간다. 시험을 보려면 공부를 해야 한다고 생각하면서도 놀고 마는 것이다. 그래서 공부할 시간이 충분했는데도 시험 전날이 되어서야 황급히 벼락치기를 하고 어중간한 상태로 시험 날을 맞는다.

그리고 시험장에서는 '아, 공부를 다 못했어. 그 부분을 좀 더 살펴봤어야 하는데. 거기서 나오지 않았으면 좋겠다.'라고 생각하며 시험을 치른다. 그러면 아니나 다를까, 바로 그 부분에서 문제가 나와 '망했다!'라고 땅을 치며 후회하게 된다.

나는 그런 게 정말 싫었다. 중고등학교 때 그런 경험을 질리도록 했기 때문에, 나중에 그렇게 분통을 터뜨릴 바엔 미리 공부를 끝내야겠다고 결심했다. 내 경험상, 시험 날에 맞추어 공부계획을 잡아 놓더라도 매번 생각지 못한 사태가 생겨 계획대로 공부가 되지 않는 일이 훨씬 많았다. 그래서 늘 시험이 끝난 후에 망했다며 후회하고는 했다. 그렇다면 시험 날이 오기 훨씬 전에 공부를 끝내도록 계획해두어야 뜻밖의 일이 생겨도 무사히 공부를 마치고 시험을 잘 볼 수 있는 셈이다. 그래서 나는 아예 시험 보기 10일 전쯤이면 모든 공부를 끝내고 만점을 받을 수 있도록 시험공부 계획을 세웠다.

나는 어릴 때 결핵을 앓은 탓인지 감기에만 걸리면 마치 폐렴에라도 걸린 것처럼 고열이 날 때가 많았다. 그래서 시험 전에 앓아누운 적도 두세 번 있었는데, 미리 공부를 마쳐놓은 덕분에 그래도 만점을 받았다.

지금까지 이야기했다시피 나는 원래 공부를 잘했던 사람은 아니다. 다만 '공부를 좀 더 잘하고 싶다.', '시험을 완벽히 대비하고 싶다.'는 강한 일념으로 꾸준히 노력해왔다. 그 각각의 과정은 사소했을지 모르지만 나를 지금까지 확실히 성장시켜 주었다.

단 한 번뿐인 인생이다. 이처럼 소중한 인생을 막연하게, 무의미하게 보내는 것만큼 아까운 일이 또 있을까? 우리는 하루하루를 얼마나 진지하게 살고 있을까? 매일 사소한 노력을 반복하다 보면 인생과 일의 성과가 분명 끊임없이 향상된다. 그것이 우리 인간의 가치를 만들어내는 원천이다.

# 열의

## 熱意

---

인생과 경영에서는

100미터 달리기처럼

전력질주로 계속 달리는 일이

결코 불가능하지 않다.

## 09

## 인생은 전력질주로 풀코스를 뛸 수 있는
## 마라톤이다

처음부터 내가 나서서 회사를 설립하려 한 것은 아니었다. 앞서 이야기했다시피 첫 회사에서 근무하다가 기술적인 문제로 상사와 충돌하자 혈기를 못 이기고 "그렇다면 그만두겠습니다!"라며 회사를 뛰쳐나왔을 뿐이다.

달리 갈 곳도 없는 처지였는데, 마침 예전에 거래하던 파키스탄 도자기 회사의 장남에게서 제의가 들어왔다. 당시 내 연봉이 1만 5,000엔 정도였는데 월급 30만 엔이라는 놀라운 금액을 제안하겠다는 것이다. 그래서 파키스탄 행을 진지하게 생각했지만, 대학 때 은사가 "자네의 기술을 외국에 팔아넘길 셈인가? 일본에 돌아오면 자네는 쓸모없는 기술자가 되어 있을 걸세."라고 깨우쳐준 덕분에 마음을 고쳐먹었다.

그리고 그때쯤, 전 회사에서 내 상사였던 분이 "이대로 자네의 기술을 썩히기는 아까우니 사업을 시작해보면 어떻겠나?"라고 말하며 친구와 함께 300만 엔의 자본금을 출자하여 회사를 만들어주었다.

회사 설립의 주축이 되어 지원해준 상사의 친구는 교토대학 전기공학과를 나온 사람으로, 내 부친과 동년배였다. 승려 출신인 데다 훌륭한 사고법의 소유자였던 그는 "나는 자본가로서 투자하는 게 아니야. 자네에게 반해서 이 사업을 맡기려고 돈을 내주는 거야. 그러니 절대 돈에 얽매여 회사를 경영하지는 말게."라고 나를 만날 때마다 매번 말해주곤 했다. 그분은 실제로, 회사 경영은커녕 주식에 대해서도 전혀 몰랐던 나를 전적으로 믿고 주식을 주면서 회사를 맡겼다. 그것이 교세라의 시작이었다.

또한 그 후에는 자신의 집과 땅을 담보로 은행에서 1,000만 엔을 빌려 회사의 운영 자금까지 마련해주었다. 심지어 그 부인도 멋졌다. 자기 집을 담보로 잡았으니, 회사가 잘 돌아가지 않으면 집과 땅을 잃게 되는데도 "자기가 반한 사람에게 돈을 쓰는 건 남자의 로망 아니겠어요?"라고 나에게 말해주었다.

교세라는 그런 사람들의 '마음' 위에 지어진 회사인 만큼, 나는 '절대 무너져서는 안 된다.', '어떻게든 대출을 갚아야 한다.'라는 생각뿐이었다. 그래서 창업 이래 밤낮을 가리지 않고, 그야말로 세상 누구보다 더 큰 노력과 열의를 기울이며 필사적으로 경영에 매달렸다.

나는 종종 직원들에게 그 모습을 마라톤에 비유하여 이야기했다.

"교세라는 교토에 갓 생겨난 기업입니다. 소위 지방 출신의 청년 같은 존재입니다. 그 청년이 장거리 달리기 연습을 열심히 하고 있습니다. 처음에는 고무장화에 잠방이를 입은 초라한 모습이었습니다. 그러나 그 모습을 보던 누군가가 '잘 달리는구나.'라며 뒤에서 등을 떠밀어 주었습니다. 청년은 앞으로 꼬꾸라지듯 마라톤 코스를 출발하였고, 기업 간 경쟁이라는 경영의 판에 뛰어들게 되었습니다."

그렇게 교세라는 1959년에 설립되었다. 패전 후 일본 경제가 붕괴하고, 모든 기업이 새로 출발한 1945년을 일본 경제계의 재시작으로 본다면 무척 늦은 출발이었다. 교세라가 뛰어든 마라톤 경주에서는 전통 있는 대기업, 즉 이전부터 마라톤 연습을 많이 했고 경험과 실적이 우수한 베테랑 선수들이 이미 앞에서 줄지어 뛰고 있었다. 그들은 '42.195킬로미터를 어떤 페이스로 주파해야 하느냐?' 하는 체력 배분에 이미 정통한 선수들이었다.

또한 전후의 혼탁한 경제상황에서 암거래로 돈벼락을 맞은 졸부 기업가들도 많이 뛰고 있었다. 그들은 어마어마한 재력을 활용하여 적극적인 경기를 펼치고 있었다. 그처럼, 1945년에 이미 유명 선수들과 유력 신입들이 뒤섞여 경주를 시작한 것이다.

그런 레이스에 교세라라는 지방 출신의 풋내기 신참 선수가 14년이나 뒤늦게 출발점에서부터 뛰기 시작했다. 1년을 1킬로미터라고 생각하면 이미 선두 집단이 14킬로미터나 앞서 달리고 있는 형국이었다. 그런 상황에서 지방 출신의 아마추어 선수가 마이페이스로 여유 있게 달린다면 아예 상대가 되지 않을 것이다.

그래서 나는 전력질주를 택했다. 즉 마라톤 경주를 100미터 단거리 달리기와 같은 속도로 전력질주하기로 했다. 밤낮 없이, 그야말로 죽을힘을 다해 일하기 시작했다. 그러자 직원들과 주주들은 "그렇게 막무가내로 일하다가는 몸이 망가진다. 기업 경영이라는 것은 장거리 경주다. 그렇게 무리하면 숨이 차서 도중에 쓰러질 것이고 결국 목표에 도달할 수 없다."라며 나를 걱정하기까지 했다.

그러나 나는 어차피 경기를 할 거라면 전력질주를 펼쳐 선두 집단과의 거리를 조금이라도 좁히고 싶었다. 또한 처음부터 경쟁상대가 되지 않는다 해도, 적어도 전반 정도는 전속력으로 달려 세상에 우리의 존재를 조금이라도 알리고 싶었다.

그런데 놀랍게도, 그렇게 전속력으로 질주하는데도 쓰러지지 않고 계속 달릴 수 있었다. 또한 회사는 크게 발전하여 앞서 가던 선두 대기업들을 추월했고, 결국 업계 최고 회사로 우뚝 서게 되었다. 실제 마라톤은 어떨지 모르지만, 인생과 경영에서는 100미터 달리기처럼 전력으로 계속 달리는 일이 결코 불가능하지 않다.

이 책을 읽는 독자 여러분들도 인생에서 안이하고 편한

길만 고르지 말고, 자신의 모든 것을 걸어보고 싶은 어떤 일을 할 때는 한 번쯤 전력질주를 해보기 바란다. 용솟음 치는 듯한 열의로 하루하루를 진지하게 달려보자.

# 4

## 성실하게 일할 것

"올바른 일을
올바르게 추구한다."

# 진지

## 眞摯

---

항상 올바른 길을 걷고
성심을 다하여 일해야 한다.
사사로운 이익을 위해 권력에 영합하거나
처세를 잘해서 영화를 누리고자 하거나,
옳지 않은 것과 타협하는 삶을 살아서는 안 된다.

## 10

## 쉬운 길 말고 어려워도 올바른 길을 선택하라

인간이란, 막다른 골목에 몰리면 그릇된 선택지를 고르고 마는 나약한 존재다. 물론 양심의 가책은 느끼지만, 그러면서도 '이 정도는 괜찮겠지.'라며 자기합리화를 한다. 극단적인 경우에는 '결과만 좋으면 됐지.'라고 큰소리치며 잘못된 길로 들어서기도 한다.

그러나 우리는 항상 올바른 길을 걷고 성심을 다하여 일해야 한다. 사사로운 이익을 위해 권력에 영합하거나, 처세를 잘해서 부당한 이익을 한몫 챙기겠다는 생각으로 옳지 않은 것과 타협하는 삶을 살아서는 안 된다.

아무리 어려운 상황에 처해도 정도正道를 걸어야 한다. 즉 인간으로서 올바른 사고법을 갖고 진지하게 살아야 한다.

이 이야기를 하다 보니 생각나는 일화가 있다. 교세라를 창업하기 전에 일했던 회사에서 있었던 일이다. 앞서 이야기했다시피, 나는 대학을 졸업하자마자 입사한 그 회사에서 고토감람석이라 불리는 새로운 파인 세라믹을 개발하는 데 성공했고, 그 결과 내가 이끄는 개발팀이 독립할 수 있었다. 덕분에 나는 입사 2년차에 부서를 실질적으로 통솔하는 입장이 되었다.

나는 어릴 때부터 부정한 일, 양심에 어긋나는 일, 불성실한 일을 허용하지 못하는 강한 정의감의 소유자였다. 그래서 적어도 내가 이끄는 부서만큼은 모두가 올바른 일을 추구하고 삶의 보람을 느끼는 곳으로 만들고 싶었다.

그 회사는 송전선의 절연체인 애자를 제조하는 오래된 기업이었지만, 전쟁이 끝난 후 실적이 저조해진 탓에 노동 쟁의가 빈발하는 형편이었다. 설상가상으로 회사는 계속해서 적자를 기록하는 중이었는데, 직원들에 대한 복지나 처우도 좋지 않았기 때문에 모두들 근무 시간에 열심히 일하기보다 불필요한 잔업을 늘려서 잔업 수당을 가져가는 것이 일상화되어 있었다. 그러나 나는 그것 때문에 인건비가 늘어나 손익에 악영향을 끼친다고 판단하여 우리 부서는 잔업을 하지 말자고 주장했다.

그러자 직원들이 엄청나게 투덜거리며 불만을 표시했다. 다른 부서들은 모두 느긋하게 잔업을 해서 수당을 챙기는데, 우리 부서만 낮에 열심히 일하고 잔업 수당을 받지 말라니, 직원들이 불평하는 것도 무리가 아니었다.

그런 직원들에게 나는 이렇게 말했다.

"지금은 분명 고생스러울 겁니다. 그러나 잔업 없이 저비용으로 제품을 만들면 경쟁력이 높아져서 나중에는 감당이 안 될 만큼 주문이 많이 들어올 겁니다. 그때가 되면 지긋지긋할 만큼 잔업을 많이 하게 될 겁니다. 그때까지만 참고 힘내십시오."

이 말에 사람들의 마음이 움직였는지, 직원들은 하나둘 내 얘기에 동조하기 시작했다. 하지만 노동조합은 "관리자도 아니면서 경영자보다 더 심하게 직원들을 괴롭힌다."며 나를 조사위원회에 넘겼고, 소위 '인민재판'의 자리에 나를 세웠다.

회사의 현관을 들어서면 건물 앞에 연못이 있고 그 옆에 애자를 보관하는 나무상자가 쌓여 있었는데, 그 위에 나를 데려다 세운 것이다.

"이 녀석은 회사의 첩자가 분명하다. 우리처럼 연약한 노동자를 혹사시켜 가며 회사에 아첨을 하고 있지 않은가. 이런 놈들 때문에 우리 노동자가 괴로운 것이다. 이런 자는 회사에서 내보내야 한다!"

나무상자를 둘러싼 채 나를 구경거리로 삼은 조합원들은 그 발언을 시작으로, 일제히 소리를 질러대기 시작했다.

그러나 나는 과감히 이렇게 반론했다.

"저를 쫓아내고 싶은 노동조합 간부들을 비롯하여 제 행동을 문제 삼는 사람들은 제가 아무리 회사의 어려움을 호소하고 함께 일하자고 격려해도 태업을 하느라 일을 하지 않습니다. 그들의 말에 귀를 기울인다면 이 회사는 반드시 망할 겁니다. 태연히 회사를 망하게 하려는 사람들의 말이 맞는지, 아니면 정도를 걷자는 제 말이 맞는지는 여러분이 판단하십시오. 그래도 여러분이 저를 쫓아내고 싶다면 제 발로 나가겠습니다."

그때 그렇게 당당히 말할 수 있었던 것도 내 마음속의 정의감 덕분이었다. 그 정의감은 아무리 어렵고 불리한 상황 속에서도 나로 하여금 정도를 지키게 만들었다.

한번은 직원들이 나를 규탄하는 데 그치지 않고 돈을 주고 사람을 사서 밤에 나를 습격하기도 했다. 그때 입은 상처가 지금도 얼굴에 남아 있다. 그들은 그런 식으로 나에게 겁을 주고 응징하면 내가 다음 날부터 무서워서 회사에 나오지 않을 것이라고 생각한 모양이다. 하지만 내가 다음 날 아침에도 붕대를 둘둘 만 채 출근을 하자 모두 깜짝 놀라서 그 후로 그런 시도를 하지 않았다.

나는 내가 올바른 일을 한다고 믿었다. 동시에 '올바른 일을 하는데 왜 아무도 이해해주지 않을까? 아니, 이해해주기는커녕 왜 모두가 나를 미워할까?'라고 깊이 고민했다. 혼자 싸우는 것은 생각보다 많이 외로웠고, 마음 깊이 괴로웠다.

그래서 업무가 끝난 깊은 밤이면 기숙사 옆의 작은 시냇가에 혼자 앉아 고향을 생각하며 눈물을 흘렸다. 그리고 '고향'이라는 노래의 한 구절인 '토끼를 쫓던 그 산'을 흥얼거렸다. 그 소문이 어느새 기숙사에 퍼져 "이나모리가 또 시냇가에서 운다."는 말이 나돌 정도였다. 나는 그렇게 노래를 부르며 고독을 견뎠고, 끝까지 견뎌서 내 뜻을 관철하려 애썼다.

나는 그때 나 자신에게 이런 질문을 자주 던졌다.

'나는 바른 말을 했지만 그 말 때문에 인간관계가 틀어져버렸다. 동료들과 부하들이 나에게 불만을 갖게 되었다. 세상을 잘 살려면 내 신념을 조금 굽히더라도 다른 사람들에게 맞춰주어야 하는 걸까? 그게 옳은가?'

그러나 아무리 생각해도 그럴 수는 없었다. 그래서 매번 마지막에는 '부하들이 나를 싫어하더라도 역시 옳은 일을 옳다고 말해야 한다.'라는 결론에 도달했다. 그리고 다시금 용기를 내서 기숙사로 돌아왔다.

나는 내가 올바르다고 믿는 길을 걷기 위해 노력했다. 많은 상사, 선배, 그리고 부하가 그런 내 자세에 매료되어 나를 따라주기도 했다. 그리고 그들은 결국 교세라의 창업 멤버가 되어 나와 함께 회사를 키우고 발전시켜 주었다.


나는 여전히 스스로에게 자주 묻는다.

"인간으로서 무엇이 올바른가?"

그리고 가슴에서 우러나온 대답을 따라

올바른 길을 간다.

어려움이 닥쳐올 것을 알면서도
우직하게 정도를 지켜내기 위해 노력한다.

어쩌면 이런 진지한 자세는 일시적으로 주위 사람들의 반발을 사고, 고립을 초래할 수도 있다. 외로워지고 고독해진다. 그러나 인생은 길다. 긴 안목으로 보면 반드시 그에 합당한 보상과 결실을 얻는다. 그 점을 믿고 불의에 타협하지 않는 삶을 살아야 한다.

성실하게
일할 것

# 의지

## 意志

---

높은 목표를 달성하고 싶다면
'무슨 일이 있어도
정상을 향해 똑바로 오르겠다.'는
강한 의지를 품고
수직 등반의 자세를 유지해야 한다.

## 11

## 최고의 목표를 세우고 수직 등반으로 맞붙을 것

초창기에 교세라는 교토의 나카교 구 니시노쿄하라 정에서 미야모토 전기회사의 창고를 빌려 창업을 했다. 당시를 자세히 기억하는 교세라의 전 간부는 그 무렵 내가 직원들에게 이런 말을 자주 했다고 한다.

"이왕 교세라라는 회사가 생겼으니 우선은 힘내서 하라 정 제일의 회사로 만듭시다. 하라 정 제일이 되면, 그다음에는 나카교 구에서 제일가는 회사로 만듭시다. 나카교 구에서 제일이 되면 교토 제일로, 교토 제일이 되면 일본 제일로, 일본 제일이 되면 세계 제일의 회사로 만들면 되지 않겠습니까?"

창업한 지 얼마 되지도 않았는데 내가 틈만 나면 그런

말을 해서 당혹스러웠다는 것이다.

　당시 회사 근처에 '교토 기계공구'라는 회사가 있었다. 스패너, 렌치 등 자동차 정비용 공구를 만들어 자동차 회사에 납품하는 곳이었다. 우리는 그곳 직원들이 아침부터 저녁까지 망치 소리를 울리며 쉬지 않고 일하는 모습을 매일 어깨너머로 볼 수 있었다.

　그들은 밤 11시, 12시쯤 내가 퇴근할 때도 열심히 일하고 있었다. 그리고 내가 다음 날 아침 일찍 출근할 때도 똑같이 열심히 작업하고 있었다. 대체 잠은 언제 자는지 궁금할 정도였다.

　세계 제일이 되자고 큰소리를 쳤지만, 하라 정 제일이 되려고만 해도 이처럼 열심히 일하는 회사를 넘어서야 했다. 하물며 나카교 구의 전철 선로 맞은편에는 나중에 노벨 화학상 수상자를 배출한 시마즈 제작소가 있었다. 나도 화학을 전공해서 대학 시절에 시마즈 제작소의 측정기를 썼으므로 그 뛰어난 기술력을 익히 알고 있었다. 나카교 구 제일이 되려면 그 시마즈 제작소부터 뛰어넘어서야 했다. 그래서 스스로도 터무니없는 말이라고 생각하면서도 나는 '나카교 구 제일, 교토 제일, 일본 제일, 세계 제일'이라는 꿈을 계속 부르짖었다.

그런데 '세계 제일'의 회사가 되려면 그에 걸맞은 철학, 사고법이 있어야 했다. 그것을 나는 등산에 비유하여 생각해보았다.

'학교의 등산 동아리 친구들과 근처 야산에 오르는 경우와 세계에서 가장 높은 산에, 그것도 겨울철에 오르는 경우는 각기 필요한 장비와 훈련이 전혀 다를 것이다. 교세라는 어떤 산을 오를 것인가? 벤처 기업을 설립하고 중소, 중견 기업으로 상장하여 고만고만한 회사로 발전시키는 것을 성공이라 볼 것인가, 아니면 세계 제일을 바라보고 최고의 노력을 기울이며 끊임없이 발전하는 길을 갈 것인가?'

전자라면 고만고만한 장비와 훈련, 즉 야트막한 산이라는 낮은 목표에 어울리는 철학과 사고법만 있어도 충분할지 모른다. 하지만 후자처럼 세계 제일을 지향한다면 그에 어울리는 올곧고 고매한 철학, 사고법이 필요할 것이다. 그래서 나는 직원들에게 이렇게 말했다.

"제 인생의 목표는 더없이 험준한 산처럼 매우 높습니다. 예전 회사에서 연구를 할 때도 내 처지를 생각하지 않고 아주 높은 산에 오르려 했습니다. 지금도 수직으로 치솟은 암벽에 매달려 바위를 기어오르려 하고 있습니다. 여러분도 부디 제 뒤에서 담대한 도전정신을 갖고 따라와 주기를 바랍니다."

그러나 그런 험준한 산을 수직 등반으로 오르는 일이 결코 쉬운 일은 아니다. 손이 미끄러지거나 발을 헛딛기라도 하면 천 길 낭떠러지로 곤두박질쳐 떨어질 수도 있다. 그러한 공포감이 엄습해 모두가 손이 굳고 발이 움츠러들 수밖에 없다. "저는 더 이상 따라갈 수 없습니다. 그만두겠습니다."라고 말하는 사람도 나타났다.

그럼에도 불구하고 나는 과감히 수직 등반으로 올라가는 것을 선택했지만, 어쩔 수 없이 때때로 이렇게 자문하게 되었다.

'내가 말한 그런 높은 목표, 힘든 삶을 따라가고 싶어 할 사람이 아무도 없는 건 아닐까? 그렇다면 수직 등반으로 오를 이유가 없지 않을까? 우회하여 능선으로 천천히 오르는 방법도 있지 않을까?'

그러나 그런 생각이 들 때마다 나는 '아니야, 나는 그런 느긋한 방법을 쓰지 않겠어. 그건 악마의 속삭임이야.'라고 마음을 고쳐먹었다.

높은 목표인 험준한 산을 우회로로 천천히 오르는 것은 세상의 상식과 타협하고 자기 자신과도 타협하는 것이다. 그런 자세로는 처음에 정했던 목표에 한참 미치지 못한 채 일생을 마치고 말 것이다. 높은 목표에 제대로 도달하려면, 아무도 따라오지 않는 데다 나조차 실족할 위험이 있더라도 암벽에 매달려 수직으로 올라야 한다고 생각했다. 그러나 한편으로는 '내가 너무 무리하게 오르려고 하다 보면 교세라를 함께 설립한 7명의 동료들이 모두 떨어져 나갈지도 모른다.'라는 공포심도 있었다.

그때 내가 아내에게 했던 말이 생생히 기억난다. "아무도 따라오지 않아도 되니 당신만은 나를 믿고 지지해달라."는 말이었다. 그것은 아내의 마음을 얻기 위해서 한 말이 아니라 정말로 아무도 따라오지 않을까 봐, 너무나 두려워서 아내만이라도 나를 믿어주기를 바라며 간절히 부탁한 것이었다. 나는 '아내만 나를 믿고 따라와 준다면 어떤 역경이 있어도 수직 등반을 절대 포기하지 않겠다.'라고 마음을 단단히 먹었다.

그러나 다행히도, 전 회사를 퇴사할 때 세라믹 가루를 함께 뒤집어쓰고 일하던 7명의 동료들이 나를 믿고 따라와 주었다. 그리고 그렇게 이어진 사람들과 함께 교세라를 창업했으며, 이후로도 우리는 함께 수직 등반을 할 수 있었다.

높은 목표를 달성하고 싶다면 '무슨 일이 있어도 정상을 향해 똑바로 오르겠다.'는 강한 의지를 품고 수직 등반의 자세를 유지해야 한다. 험준한 암벽이라도 포기하지 말고 똑바로 오르기 바란다. 그것이야말로 인생의 과업을 성취하는 지름길이다.

# 용기

## 勇気

---

용기란 완력에 자신이 있다거나
싸움을 잘하는 데서 생기는 만용이 아니다.
진짜 용기는
원래는 차분한 성격인 데다
겁이 많고 신중한 사람이
싸움터를 몇 번이고 헤쳐 나가며
경험을 쌓아 도량을 키우는 가운데
저절로 몸에 배는 것이다.

## 12

## 자신을 버릴 수 있는 사람은 강하다

얼핏 보아 완력이 강하고 호쾌하게 큰소리를 치는 사
람은 도량이 넓고 듬직할 것 같지만, 실제로 여차할 때 별
도움이 되지 않는 경우가 많다. 나는 그처럼 실제로는 의
지가 되지 않는, 입으로만 강한 사람을 수없이 만났다. 반
대로 평소에는 조용하고 차분하며 섬세한 사람이 위기 앞
에서 대범한 용기를 발휘한다는 사실도 알게 되었다.

이런 경험을 돌이켜 생각해보니, 용기란 완력에 자신이
있다거나 싸움을 잘하는 데서 생기는 만용이 아니다. 진
짜 용기는 원래는 차분한 성격인 데다 겁이 많고 신중한
사람이 싸움터를 몇 번이고 헤쳐 나가며 경험을 쌓아 도
량을 키우는 가운데 저절로 몸에 배는 것이다.

하긴, 어쩌면 내가 원래 얌전하고 소심한 사람이었기 때문에 이런 생각을 하는지도 모르겠다. 어릴 때부터 나는 동네에 소문난 울보였다. 초등학교 저학년 때는 집에서만 제멋대로 활개를 치는 아이여서 혼자서는 학교에도 가지 못했다. 어머니가 따라와야 그나마 학교에 갔는데, 어머니가 나를 교실에 들여보내고 돌아가려 할 때마다 겁에 질려 울음을 터뜨렸다고 한다.

그 후 골목대장이 되고 나서도 타고난 성격은 바뀌지 않았다. 대학을 졸업하고 가고시마에서 교토로 진출한 다음에도 가고시마 사투리를 고치지 못해서 표준어를 써야 하는 전화 통화를 두려워했다. 옆자리에서 전화가 울릴 때마다 다른 사람을 데려와서 받게 했을 정도다. 나는 그만큼 겁이 많고 소심한 시골 청년이었다.

교세라를 창업할 당시에는 나처럼 미덥지 못한 시골 청년이 과연 회사 경영을 제대로 해낼 수 있을지 매우 불안했다. 내가 경영자나 리더로서 적합한지, 자신감은커녕 걱정과 의문만 가득했다.

그러나 한편으로 27세의 청년인 나를 믿고 자기 인생을 건 7명의 동료들, 인생에 대한 밝은 희망을 품고 중학교를 갓 졸업해 우리 회사에 들어온 20명의 어린 사원들을 길거리로 내몰 수는 없다는 생각에 강한 의지가 솟아났다. 내 머리는 '무슨 일이 있어도 이 회사를 망하게 해서는 안 된다.', '어떻게든 이 사업을 성공시켜야 한다.'는 일념으로 꽉 찼다. '회사를 지켜야 한다. 직원을 지켜야 한다.'는 의무감과 책임감이 소심한 나에게 용기를 주었다.

교세라를 창업하고 얼마 지나지 않아 처음에 세를 내고 얻었던 창고만으로는 주문량을 감당하지 못해서 시가 현에 새로운 공장을 지었다. 그 후 직원들이 교토와 시가를 오가며 일을 하게 되었을 때 일어난 일이다.

어느 날 새벽 2~3시쯤에 경찰서에서 전화가 걸려왔다. "당신네 회사의 직원이 시가 현 국도에서 사람을 쳐서 사망하게 만들었으니 즉시 와달라."는 것이다. 나는 즉시 경찰서로 달려갔다.

경찰에게 사정을 들어보니 그 직원이 늦은 밤 시가 공장에 자재를 날라주고 교토로 돌아가는 길에 국도에 뛰어든 남자를 피하지 못하고 들이받았다는 것이다. 피해자는 선술집에서 술을 마시고 나오는 길이었다고 한다.

그 직원은 대학을 졸업하고 우리 회사에 취직한 지 아직 1~2년밖에 되지 않은 젊은이로, 무척 성실한 청년이었다. 내가 현장에 도착했을 때 그 직원은 자책감 때문에 제정신이 아닌 듯 울부짖고 있었다. 경찰조차 그가 당장이라도 차로에 뛰어들어 자살하지는 않을까 염려할 정도였다.

마침 경찰서에서 5미터 정도 떨어진 곳에 작은 식당이 있어서 경찰에게 허락을 받고 그 직원을 데려가 진정시키려 했다. "저녁밥도 못 먹었지? 일단 밥부터 먹자."라고 권했지만 직원은 수저조차 들지 못하고 울기만 했다. 어쩔 수 없이 다시 경찰서로 돌아와 조금 쉬게 하고 나는 눈 한 번 붙이지 못한 채 동이 틀 때까지 그의 곁을 지켰다.

아침에 경찰의 조사를 받은 후 피해자의 집에 직원을 데려가 사죄를 시켰다. 그러나 그 직원은 다리가 후들거려서 그 집 현관에도 올라가지 못했고, 내가 대신 앞장서서 이만저만한 회사의 사장이라고 말한 후 사죄를 했다.

"우리 직원이 돌이킬 수 없는 일을 저질렀습니다. 어떻게 사죄해야 할지 모르겠습니다."라며 방바닥에 머리를 대고 절을 했다. 그러나 유족들에게서 돌아온 대답은 욕설과 고성뿐이었다. 당연한 일이었다. 유족들은 "돌아가!

우리 아들 살려내!"라며 울부짖었다. 이미 유체도 안치되고 친척들도 많이 모여 있었으므로 우리로서는 정말 견디기 힘든 자리였다.

직원은 내 등 뒤에 딱 붙어서 그저 울기만 했다. 나는 그를 감싸며 유족들에게 "정말 죄송합니다. 우리 직원이 저지른 일이니 제가 어떻게든 책임을 지겠습니다. 오늘은 아무쪼록 분향만이라도 하고 가게 해주십시오."라고 부탁했다. 진심 어린 성의가 조금 통했는지, 분향은 할 수 있었다.

그 집에서 돌아오는 길에 나는 그 직원에게 "모든 책임은 회사를 경영하는 나에게 있다. 내가 전부 처리할 테니 걱정하지 마라. 힘내라."라고 말해주었다. 그 말에 직원도 가까스로 정신을 차리는 듯했다.

그 후 피해자의 가족에게 당시 교세라로서 할 수 있는 최대한의 보상을 했다. 물론 턱없이 부족했을지도 모르지만 결국은 가족의 이해도 얻을 수 있었다.

그때의 나 역시 아직 서른이 될까 말까 한 나이였다. 이런 일을 겪어본 경험도 없었으니 보통의 정신 상태라면 무서워서 덜덜 떠는 게 당연했다. 그러나 '어떻게든 이 직원을 지켜야 한다. 이 친구가 일으킨 사고를 내가 수습하고 보상해야 한다.'라고 생각하니 마음속에서 알 수 없는 용기가 솟아났다. 덕분에 한 발짝도 도망치지 않고 눈앞의 문제에 정면으로 부딪힐 수 있었다.

　나의 이런 경험에 비추어보면, 어떤 어려움을 만나더라도 용기를 내서 문제에 직접 부딪히는 것이 가장 중요한 듯하다. 이 용기는 상대를 배려하는 마음에서 나온다. 자신은 어떻게 되어도 좋다고 생각하고 자신을 버릴 수 있을 때, 상대를 위해 진심으로 애쓸 때야말로 진짜 용기가 솟아나는 것이다.

# 5

## 창의적으로 궁리할 것

"어제보다 오늘, 오늘보다 내일,
내일보다 모레가 나으면 된다."

# 완벽

## 完璧

---

마지막 1%의 노력을 소홀히 한 탓에

모든 것이 물거품이 될 때가 있다.

자신의 노력에 대한 합당한 열매를 얻기 위해서라도

언제나 완벽을 추구해야 한다.

## 13

## 자신감은 완벽을 추구하는 자세에서 나온다

나는 젊을 때부터 '완전주의'를 중시해왔다. 이 신념은 내 성격에서 유래한 것이기도 하고 연구개발이라는 창의적인 일에 종사했던 경험에서 나온 것이기도 하다.

전혀 새로운 주제에 도전해 연구개발을 진행할 경우에, 연구자는 시험 데이터 등 달리 비교할 것이 없으므로 모든 것을 자기 손으로 만지고 직접 증명하면서 연구를 진행하는 수밖에 없다. 즉 자기 자신을 나침반 삼아 나아갈 방향을 정해야 한다.

그때 가장 중요한 것이 자신에 대한 믿음이다. 인간적으로, 또 기술적으로도 스스로에 대한 확신이 있어야 한다. 자신의 완벽함을 믿지 못하는 사람이 어중간한 마음

으로 도전하면 그 결과에도 확신을 가질 수 없다. 그래서
는 결코 창조적인 일을 할 수 없다.

세라믹을 예로 들어보자. 몇 가지 원료를 섞을 경우, 원
료를 하나라도 잘못 넣거나, 분량을 못 맞추거나, 섞는 방
법을 헷갈리면 원하는 결과물을 얻을 수 없다. 실제로 내
가 실험을 하던 시절에도 그런 일이 있었다.

당시 실험실에서는 원료 분말을 섞을 때 마노로 만든
사발과 막자를 썼다. 원하는 합성 세라믹을 얻기 위해 계
산된 분량의 원료들을 넣고 그 사발과 막자로 섞는다. 오
래 섞을수록 재료들이 완전히 섞이기는 하겠지만, 얼마나
오래 섞어야 되느냐는 것이 문제였다.

세라믹을 만들기 위해서는 일단 산화마그네슘, 산화칼
슘 등의 원료 분말을 섞어야 한다. 정제 밀가루를 상상하
면 이해하기 쉬울 것이다. 예를 들어 색깔이 서로 다른 밀
가루를 섞는다고 치자. 처음에는 얼룩덜룩하던 가루도 열
심히 섞다 보면 균일한 색으로 변한다. 액체라면 그 시점
에 이미 균일하게 섞였다고 볼 수 있지만, 고체일 때는 과
연 어떤 상태가 되어야 완전히 섞인 것인지 불분명하다.

알갱이가 더 작아져서 직경 1/1000밀리미터 정도쯤 되어도, 현미경으로 보면 여전히 완전히 섞이지 않은 것을 발견할 때가 있다. 그러므로 완전히 섞어서 제품을 만들려고 할 때, 얼마나 섞어야 하는지가 문제가 되는 것이다.

사발과 막자로 섞든, 회전력으로 내용물을 혼합 분쇄하는 '포트 밀'이라는 기구로 섞든, 어느 시점에 완전히 섞였다고 안심할 수 있는지 판단이 서지 않았다. 그래서 나는 항상 생각했다.

'사발로 원료를 섞는 혼합 공정만 해도 이렇게 힘든데, 모든 공정을 완벽히 진행하려면 얼마나 힘들까? 하지만 모든 공정이 완벽하게 이루어지지 않으면 내가 바라는 세라믹을 만들 수 없다. 완벽하게 제조하기 위해서는 무엇이 필요할까?'

만약 어떤 공정에 사소한 부주의가 발생하여 전 공정이 실패로 돌아가면 그때까지 쏟아부은 재료값과 가공비, 전기료 등 온갖 자원이 모두 물거품이 되고 만다. 그러면 회사가 손해를 볼 뿐만 아니라 늦어진 납기 때문에 고객도 큰 손해를 볼 수 있다.

교세라가 아직 영세하던 시절에는 대부분의 주문을 고객으로부터 직접 받았다. 영업 담당자가 고객을 방문하여 제품을 설명한 뒤 "이 세라믹 부품을 만들어 정해진 기한까지 납품해달라."라는 주문을 받고 "반드시 납기를 지키겠습니다."라고 대답하며 계약을 하는 방식이다. 고객은 계약된 납기일에 맞추어 그 부품을 포함한 전체 기기의 생산 일정을 수립하므로 우리는 납기일을 반드시 지켜야 한다.

그러나 공교롭게도 납기일 직전에 사소한 실수 때문에 불량이 생길 때가 있다. 그 제품이 원료를 섞은 뒤 완성하기까지 15일이 걸린다고 했을 때, 최종 출하 직전에 실패했다면 그때부터 다시 15일이 소요될 것이다. 하는 수 없이 고객에게도 "15일 더 기다려주십시오."라고 말해야 한다.

그러면 고객은 영업 담당자를 불러 "이렇게 허술한 회사를 믿은 탓에 우리 생산계획에 차질이 생겼다. 당신네 회사와는 두 번 다시 거래하지 않겠다."라고 호되게 질책할 것이고 영업 담당자는 울상이 되어 돌아올 것이다. 그 후에 영업 담당자는 한 번 더 고객을 찾아가 납기 지연에 대해 최대한 성심성의껏 설명하고 다시 미뤄진 납기일을 가까스로 허락받아온다. 그러고 나서는 되도록 일찍 납품해야 한다.

그런 쓰라린 경험을 실제로 하고 나서야 나는 작은 실수가 엄청난 사태를 초래한다는 것을 뼈저리게 깨달았다. 그래서 교세라는 지금까지 완전주의 정책을 철저히 지키고 있다. 아주 작은 실수라 해도 그때까지의 노력을 전부 물거품으로 만들 수 있기 때문이다. 그래서 제조부터 납품까지의 전 공정에 물 샐 틈 없는 완전주의를 적용한다. 완벽을 기하는 것이야말로 제조업의 철칙이다.

마지막 1%의 노력을 소홀히 한 탓에 모든 것이 물거품이 될 때가 있다. 자신의 노력에 대한 합당한 열매를 얻기 위해서라도 언제나 완벽을 추구해야 한다.

# 도전

挑
戰

---

새로운 일에 도전하려면
'무슨 일이 있어도 이것을 해내겠다.'라는
투쟁심이 반드시 필요하다.
어떤 장애를 만나더라도 그것을 극복하고
노력을 계속하겠다는 마음이 없다면
아예 도전을 하지 말아야 한다.

## 14

## 투지와 승부근성은 성공의 윤활유

'도전'이라는 말에는 용기를 주는 기분 좋은 울림이 있다. 그러나 새로운 일에 도전하려면 '무슨 일이 있어도 이것만큼은 해내겠다.'라는 투쟁심이 반드시 필요하다. 어떤 장애를 만나더라도 그것을 극복하고 노력을 계속하겠다는 마음이 없다면 아예 도전을 하지 말아야 한다.

이런저런 어려움과 압박이 덮쳐올 때, 우리는 자칫하면 기가 꺾여서 당초 품었던 신념을 굽히거나 현실과 타협하기 쉽다. 이런 어려움과 압박을 뿌리치는 에너지는 그 사람이 지닌 불굴의 투쟁심에서 나온다. 그러므로 '절대 지지 않아, 반드시 해내겠어.'라는 격렬한 투지를 항상 불태워야 한다.

나는 종종 교세라 직원들에게 "이제 더는 못하겠다는 생각이 들 때가 바로 시작이다."라고 말한다. 이 말은 내가 젊은 시절에 실제로 경험한 것에서 우러나온 말이다.

교세라를 창업한 지 얼마 되지 않았을 때부터 나는 먹고살 거리를 확보하기 위해 신규 거래처를 수없이 방문해 왔다. 그러나 당시 교세라는 인지도도 없고 신용도, 실적도 없는 영세 기업이었기에 아무리 영업활동을 해도 매정하게 거절당하기 일쑤였다.

가장 분했던 것은 어느 대형 전기회사를 방문했을 때의 일이었다. 처음에는 정말 아무것도 몰라서 무작정 그 회사를 찾아갔다. 그리고 수위에게 진공관을 제조하는 기술자를 만나고 싶다고 부탁했더니 "이렇게 막무가내로 찾아오시면 안 됩니다. 아무리 사정해도 소용없습니다."라며 문전박대를 했다.

그래도 포기하지 않고 계속 방문했고, 드디어 진공관 기술자를 만났지만 역시나 냉담한 대답만 돌아왔다.

"당신은 우리 회사를 잘 모릅니다. 우리 회사는 재벌계 기업이라서 모든 세라믹 제품을 계열사에서 구매합니다. 계열사도 아니고 실적도 없는 무명 회사라면 아무리 찾아

와서 사정해도 소용없습니다."

우리는 계열사도 아니고, 유명하지도 않았다. 앞을 가로막은 이러한 장애를 돌파하려면 어떻게 해야 할까? 당시의 나는 어찌해야 할지 전혀 방법을 몰랐다. 겉으로 표를 내지는 않았지만 무척 속상하기도 했다.

하지만 나와 동행했던 젊은 영업사원이 낙담할까 봐, 또 리더로서 고개를 숙일 수는 없다는 생각에 "거절당했을 때가 바로 일의 시작이야. 어려운 상황을 어떻게 타개할지 생각하는 것이야말로 우리가 해야 할 일이니까."라고 의연하게 말했다. 영업사원과 나 자신을 동시에 격려하기 위한 말이었다.

나는 그처럼, 상황이 아무리 어렵고 힘들어도 포기하지 않고 끈질기게 고객을 찾아다니며 주문을 받아내려고 애썼다. '낙숫물이 바위를 뚫는다.'는 말이 있다. 물방울 하나로는 바위를 뚫을 수 없지만 물방울이 끊임없이 떨어지면 바위까지 뚫린다는 말이다.

나도 강한 의지로 계속 도전하면 반드시 숨통이 트일 것이라 믿었다. 실제로 교세라는 나중에 "계열사도 아니고 신용도, 실적도, 아무것도 없어서 거래가 불가능하다."

라고 거절했던 그 대형 전기회사로부터 세라믹 제품을 주문받게 되었다. 다른 회사들의 경우도 마찬가지였다.

교세라는 그런 기업이다. 우리는 그처럼 강한 의지로 역경에 도전하여 불가능해 보였던 수주에 성공하고, 나아가서는 아무리 어려운 주문이라도 어떻게든 약속을 지켜 납품하려고 애썼다. 그 결과 새로운 고객을 차례차례 확보하며 사업을 성장시킬 수 있었다.

그 과정에서 무엇보다 중요한 것은, 가능성을 믿고 끊임없이 해결책을 찾고자 하는 자세였다. 나는 아무리 어려운 상황에서도, '기존의 방식은 통하지 않았지만 무언가 다른 방법이 없을까? 반드시 해결책이 있을 거야.'라고 믿으며 열심히 대책을 궁리했다. 아무리 힘든 일 앞에서도 다양한 조건을 고려해가며 문제를 극복할 구체적 방법을 생각했다.

도전을 성공으로 이끌기 위해서는 그런 창의적 궁리, 즉 과제를 해결할 구체적인 방법을 생각하는 과정이 꼭 필요하다.

도전이란 그저 용기를 내어 일을 시작하는 것이 아니다.
또 단순히 무턱대고 가능성을 믿는 것도 아니다.
도전에는 '어떻게 해야 어려움을 극복할 수 있을까?' 하고
구체적인 대책을 궁리하는 과정이 반드시 필요하다.

어떤 어려움이 있어도 가능성을 믿으며 결코 포기하지
말고 끈질기게 생각하자. 다양한 창의적 궁리를 거듭하며
최고의 노력을 기울여야만 어려운 국면을 타개하고 도전
을 성공으로 이끌 수 있다.

# 공부

## 工夫

---

하루의 창의적 궁리는
작은 한 걸음일지라도,
그것이 모이면 결국
어마어마한 혁신에 다다르는
위대한 여정이 된다.

## 15

## 하루에 한 가지씩 창의적인 일을 궁리하라

나는 직원이 100명도 되지 않던 시절부터 "교세라는 세계를 바라보고 '세계의 교세라'로 전진할 것이다."라고 말해왔다. 작은 회사지만 세계를 바라본다는 것은, 말 그대로 높고 큰 목표를 갖는다는 것을 의미한다. 이처럼 스스로 원대한 목표를 설정해야 높은 곳을 향해 에너지를 집중할 수 있고, 상상도 못했던 위대한 일을 이룰 수 있다.

그러나 실제 일상생활을 돌아보면, 매일매일 그렇게 높은 목표를 생각하며 살았다기보다는 하루하루를 잘 살아내기 위해 최선을 다하고 작은 일에도 필사적으로 노력한 시간이 더 많았던 것 같다.

오늘 하루를 열심히 살면

내일이 자연스럽게 보일 것이다.

내일을 열심히 살면 1주일이 보일 것이다.

1주일을 열심히 살면 한 달이 보일 것이다.

한 달을 열심히 살면 1년이 보일 것이다.

올 한 해를 열심히 살면 내년이 보일 것이다.

매 순간을 최선을 다해 살아야 한다.

그런 생각으로 일단은 매일의 목표를 착실히 달성하기 위해 노력을 기울였다. 아득하게 높은 목표를 내걸었지만 자신의 걸음이 너무 느려서 거기에 미처 다가가지 못할 때, 사람들은 대개 그 목표를 포기하게 된다. 그러나 나는 눈앞에 있는 오늘 하루만 보았다. 힘껏 일하다 보면 하루는 금세 지나간다. 그러나 그렇게 하루하루를 쌓아올렸더니, 처음에는 무척 멀게만 보였던 세계 제일이라는 목표에 훌쩍 다가설 수 있었다.

처음부터 너무 먼 길을 가려고 하면 기가 질린다. 자신의 나약함이나 무력함 때문에 쉽게 좌절할 수도 있다. 그러니 머나먼 목표는 잠재의식 속에 묻어두고, 눈앞에 주어진 하루하루를 착실히 살도록 하자. 그렇게 하루를, 한 달을, 1년을 보내다 보면 어느새 상상도 못했던 먼 곳까지 도달해 있을 것이다. 그러면 처음에 목표로 삼았던 까마득히 먼 길도 확 가까워져 있다.

그런데 말은 그렇게 해도, 이게 결코 쉬운 일이 아니다. 평범한 일을 매일 계속하다 보면 매너리즘에 빠지고 의욕이 점점 사그라지기 때문이다. 그래서 나는 평범한 일을 즐기면서 최고의 노력을 기울일 수 있는 나름의 방법을 생각해냈다. 그것이 바로 '창의적 궁리'다.

이 말이 어렵게 들릴지 모르지만, 단순히 오늘보다는 내일, 내일보다는 모레 조금이라도 더 나아지면 된다. 같은 연구, 같은 일을 하더라도 오늘은 이런 방법으로 해보고 내일은 조금 더 효율적인 다른 방법을 생각해내면 된다. 나는 항상 그렇게 조금이라도 더 나은 방법을 찾고 고안하려고 노력해왔다. 그런 창의적 궁리가 결국, 스스로도 상상하지 못했던 멋진 진보와 발전을 실현시켜준다.

하루의 창의적 궁리는 작은 한 걸음일지라도, 그것이 모이면 결국 어마어마한 혁신에 다다르는 여정이 된다.

그것은 교세라의 역사가 증명한다.

교세라를 창업했을 당시, 파인 세라믹은 정확한 치수를 구현하기도 어렵고 고유의 특성을 끌어내기가 어려워서 공업용 재료로서는 인정받지 못했다. 그러나 업계에서 가장 늦게 출발한 데다 가장 영세했던 교세라가 전통 있는 선두 대기업조차 포기한 고高 사양 신제품을 개발하는 데 성공했고, 비용을 맞추기 어려워 보였던 제품을 개발하는 데도 성공했다. 심지어 전에는 상상도 못했던 새로운 분야에 세라믹을 응용함으로써 새로운 시장까지 개척하기 시작했다.

그런 도전 덕분에 파인 세라믹은 사람들의 생활에 필수불가결한 공업용 재료가 되어 다양한 분야에서 쓰이게 되었고, 특히 최첨단 기술 분야에서 유용하게 활용되기에 이르렀다. 예를 들어 세계 최초로 소혹성에서 물질을 가져오는 데 성공한 일본의 소혹성 탐사기 '하야부사('매'라는 뜻 – 옮긴이)'의 리튬이온 전지에 강도, 내식성, 내열성, 절연성이 뛰어난 교세라의 파인 세라믹 부품이 쓰였다. 또 일본이 자랑하는 슈퍼컴퓨터 '케이'의 심장부에도 교세라의 '세라믹 패키지'가 들어간다.

교세라가 이처럼 파인 세라믹 분야의 개척자로서 산업계와 과학 기술 발전에 공헌할 수 있었던 것은, 우리가 언제나 오늘보다는 내일, 내일보다는 모레를 향해 창의적인 궁리를 지속한 덕분이다.

꿈은 매일의 평범한 노력이 쌓여야만 실현되는 법이다.

# 6

## 좌절하지 말 것

"고난은
하늘이 준 멋진 선물이다."

# 고난

苦
難

어려움과 역경을 부정적으로 받아들여
비탄으로 세월을 보내지 말자.
의지를 더 굳세게 만들 멋진 기회라 생각하고
역경에 당당히 맞서야 한다.

## 16

## 고생을 견디다 보면 어느샌가 훌쩍 자라 있다

어릴 때 부모님은 "젊어 고생은 사서도 한다."는 말씀을 자주 하셨다. 그때마다 속으로 '고생은 팔아서라도 피해야 하는 것 아닌가?'라고 반발했지만, 지금 생각하면 부모님 말씀이 역시 옳았다.

고생은 자기 자신을 들여다보고 성장시킬 둘도 없는 기회다. "사람은 고생을 해봐야 비로소 성장한다."라는 말이 있듯이, 고생을 해야 인간은 비로소 연마된다. 고생 없이는 인간성이 고매해질 수 없다. 그러므로 어려움과 역경을 부정적으로 받아들여 비탄으로 세월을 보내지 말자. 의지를 더욱 굳세게 만들 멋진 기회라 생각하고 역경에 당당히 맞서야 한다.

여기서, 가고시마 출신의 위인 사이고 다카모리가 겪은 역경을 소개하겠다.

페리 제독의 내항(미국이 일본을 강제 개항시킨 사건 - 옮긴이)을 맞아 일본 내에서는 왕을 높이고 외적을 격퇴하자는 '존왕양이尊王攘夷' 사상이 대두되었고, 무사였던 사이고 다카모리 역시 그 사상을 지지했다. 그러나 막부는 안세이 대옥으로 불리는 대규모 조치를 통해 수많은 제후와 지사를 탄압했다. 이때 교토 기요미즈테라의 승려이자 사이고의 동지였던 겟쇼도 존왕양이를 지지한다는 이유로 막부에 쫓기게 된다. 그와 함께 일본의 장래를 논의했던 사이고도 그를 따라 사쓰마 번으로 도망쳤다.

그러나 사이고를 등용했던 예전의 번주는 이미 죽었고, 그의 배다른 형제가 실권을 잡고 있었다. 새로운 번주가 겟쇼를 숨겨주려 하지 않자 사이고는 동지를 지키지 못한 자신의 한심함을 부끄러워하며 그와 함께 긴코 만에 투신했다. 이후 물결에 떠오른 두 사람을 어부가 발견하여 구출했지만 사이고만 기적적으로 살아났다.

맹우인 승려 겟쇼가 죽고 자신만 수치스럽게 살아남는 것은, 명예를 목숨처럼 여기는 사쓰마의 무사에게 견

딜 수 없는 굴욕이었다. 그래서 친척을 비롯한 주위 사람들은 사이고가 자해할 것을 염려하여 그의 주변에서 칼을 전부 치워버렸다고 한다.

사쓰마 번주도 사이고 문제로 고민했다. 젊어서 높은 인망을 얻었던 사이고를 버릴 수도 없었고, 막부의 압박 때문에 그를 살려둘 수도 없었던 것이다. 그래서 고심 끝에 이름을 바꾸어 그를 숨겨주기로 했다. 사이고가 긴코 만에서 겟쇼와 함께 투신해서 죽었다고 막부에 알린 후 이름을 바꾼 사이고를 아마미오시마에 유배시키기로 한 것이다.

당시 아마미오시마는 사쓰마 번의 가혹한 압정 때문에 빈곤하기 짝이 없는 상태였다. 그 가난한 섬에서 2년 가까이 유배 생활을 하게 된 사이고는 고난 중에도《사서오경》등의 중국 고전을 읽고 양명학 등을 독학했다.

그리고 2년 후, 그는 막부 말기의 혼란 속에서 가고시마로 돌아왔다. 사이고가 돌아왔다는 소식을 들은 젊은이들은 그에게 속속 모여들었다. 그러나 그것이 번주의 친부를 자극한 탓에, 사이고는 젊은 급진파들을 부채질했다는 죄를 뒤집어쓰고 다시 유배형에 처해진다.

이번 유배지는 아마미오시마보다 더 먼 오키노에라부라는 섬이었다. 이 섬에서의 생활은 더욱 참혹했다. 두 평밖에 되지 않는 움막 같은 감옥은 외벽이 없어 비가 옆에서 들이쳤고, 그 안에는 씻을 곳조차 없었다. 그래서 사이고의 머리와 수염은 덥수룩하게 길어졌고 몸은 더께로 범벅이 된 채 고약한 냄새를 풍겼다고 한다. 그래도 그는 단정히 앉아 좌선을 계속했다.

그 모습을 본 사쓰마 번의 하급 무사가 사이고의 고매함에 놀라 번주의 지나친 처사를 비판하며 자기 집 안에 감옥을 만들고 그를 수용했다. '벽이 없어 비조차 막지 못하는 감옥'이라는 조건을 어쨌든 충족시켰다며 그에게 구원의 손길을 내민 것이다.

사이고는 하급 무사 집 안의 감옥에서 지내며 좌선과 고전 공부를 통해 자신을 연마하는 데 더욱 힘썼다. 나중에 생각해보면 이것은 오히려 사이고에게 꼭 필요한 환경이었는지도 모른다. 섬에 유폐되어 있는 동안 안세이노다이고쿠 등의 사태로 요시다 쇼인을 비롯한 많은 지사가 죽음을 당했기 때문이다. 만약 그때 사이고가 교토나 에도에 있었다면 필시 막부의 칼에 죽었을 것이다.

시대는 그야말로 사이고를 부르고 있었다. 사이고는 오키노에라부에서 돌아온 후 메이지유신을 위해 동분서주하며 활약하게 된다.

나는 힘들 때마다 사이고의 고난을 떠올렸다. 어릴 때부터 그랬던 것 같다. 이미 말했다시피 나는 어릴 때 죽을 병으로 통하던 결핵을 앓았던 몸이다. 중학교 입학 시험에 두 번 실패했고 종전 직전의 공습으로 집이 불타 없어져버렸다. 형과 여동생이 진학을 포기하면서까지 지원해준 대학 입학 시험에도 실패했다. 인맥이 없어서 취직에도 실패했다. 내 불운을 한탄하며 세상에 등을 돌린 채 고학력 폭력배로 살까 하는 생각을 진지하게 품기도 했다.

그러나 돌아보면 사이고만큼은 아니라도 나 역시 나름대로 많은 고난을 극복해온 덕분에 심지가 단단해졌고, 그 덕분에 지금의 나도 있음을 깨닫는다. 만약 내가 좋은 환경에서 곱게 나고 곱게 자라 고생을 몰랐다면, 혹은 지망하는 학교마다 순조롭게 합격했다면, 지금과는 전혀 다른 인생을 살았을 것이다.

나는 중학교 입시도 떨어지고, 대학 입시도 떨어지고,

회사 취직에도 떨어진 굴욕적인 어린 시절, 잿빛 청년 시절을 보냈다. 사람들은 이런 이야기를 듣고 내가 매우 불행했을 거라고 생각할지도 모른다. 나 역시 '내 인생은 왜 이렇게 불행할까?'라고 생각할 때가 많았다.

그러나 지금 생각해보니 힘든 어린 시절과 청년 시절이 없었다면 지금의 나도 없었을 것이다. 내가 고생 없이 인생을 살았다면 인간성을 갈고닦지 못해 회사를 설립한 후에도 부하들의 신망과 신뢰를 얻지 못했을 것이다. 아파 본 사람이 남 아픈 것도 알고, 힘들어본 사람이 남들 힘든 것도 안다. 어릴 때부터 고생을 많이 한 덕분에 인격이 조금이라도 다듬어졌고, 어쩌면 그 힘으로 경영자로서의 사명을 감당할 수 있었는지 모른다.

다시 말해 내 어린 시절의 고생과 불운은 지금의 행복을 얻기 위해 하늘이 내려준 멋진 선물이었다. 쉽게 사는 사람은 세상에 아무도 없다. 누구나 힘든 일이 있고 고생스러운 일을 겪는다. 역경에 처하더라도 역경을 준 하늘에 오히려 감사하며 씩씩하게 살아가자. 그렇게 살다 보면 지금 고생했던 경험이 나중에 반드시 행운을 가져다줄 것이다.

# 인내

## 忍耐

---

자신의 잘못을 깨달았다면
쓸데없이 고민하지 말고
다음에는 실패하지 않도록
새로운 생각을 가슴에 품고
새로운 행동을 개시하자.

## 17

## 괴롭다는 것은 살아 있다는 것,
## 과거의 업보를 떠나보내는 것

인생에서는 걱정스러운 일이나 실패 등 마음을 어지럽히는 사건들이 종종 일어난다. 그러나 한번 엎어진 물을 주워 담을 수 없듯이 이미 벌어진 일을 언제까지나 후회하거나 괴로워해도 소용이 없다.

그것을 잘 알면서도 '그때 그 일만 잘되었더라면…'이라고 고민하기 일쑤다. 그러다 보면 마음에 병이 생기고, 나아가 몸에도 병이 생기고, 결국은 인생 전체가 불행해진다. 고민에 빠져 감정을 낭비하는 것, 후회와 자책으로 정신적 피로를 쌓는 일은 절대로 피해야 한다.

이미 일어난 일은 어쩔 수 없다. 잘못을 깨달았다면 쓸데없이 고민하지 말고 다음에는 실패하지 않도록 새로운 생각을 가슴에 품고 새로운 행동을 개시하자.

지나간 일을 진지하게 돌아보고 깊이 반성하는 것은 좋지만 슬프고 우울한 감정에 허우적거리며 정신적 피로를 쌓아서는 안 된다. 이성적으로 상황을 판단한 후 새로운 생각을 품고 새로운 행동에 즉시 돌입해야 한다. 그렇게 해야만 멋진 인생을 살 수 있다.

나도 이제까지 크고 작은 어려움을 겪었고 뼈저린 후회도 많이 경험했다. 그중에서도 가장 기억에 남는 일이 있다. 뼈와 관절을 잃은 환자를 위한 세라믹 인공뼈를 개발했을 때의 일이다.

그 전까지는 금속으로 만든 인공뼈가 쓰였는데, 금속은 인체에 들어가면 조금씩 녹아서 몸에 나쁜 영향을 미치는 단점이 있었다. 그래서 몸속에서 덜 활성화되는 물질을 찾는 실험을 거듭한 결과, 세라믹이 적합하다는 것이 밝혀졌다. 우리는 고관절이 손상되거나 나이 탓에 허리뼈가 마모되어 걷지 못하는 환자를 위해 세라믹 인공 고관절을 개발했다.

동물 실험 등 필요한 실험을 전부 마치고 후생성(현 후생노동성)의 인가를 받아 세라믹 인공 고관절을 출시했다. 이 제품은 성능이 매우 뛰어나다는 평가를 받고 전국의 유명 대학병원에서 쓰이기 시작했다.

그러던 중에 세라믹 고관절을 쓰는 병원 중 한 곳으로부터 인공 무릎관절을 만들어달라는 의뢰가 들어왔다. 무릎관절이 손상되어 걷지 못하는 사람들에게 꼭 필요할 것이라는 이야기였다. 그러나 약사법에 의하면, 고관절과는 별도로 새로 개발된 인공 무릎관절에 관해서도 임상 실험을 충분히 하고 후생성의 인가를 받아야 했다. 그래서 교세라는 그 제안을 한 번 거절했다. 그런데도 병원 측은 간절히 부탁을 해왔다.

"환자들이 정말 힘들어합니다. 이건 환자들에게 정말 필요한 일입니다. 세라믹 인공뼈를 고관절로 사용한 결과 독성도 없고 성과가 매우 좋다는 것이 증명되지 않았습니까? 그러니 무릎에 쓴다고 해도 문제가 생길 이유가 없습니다. 결코 폐를 끼치지 않을 테니 꼭 만들어주십시오."

그래서 우리는 어쩔 수 없이 시제품을 만들어 납품했다. 그랬더니 "효과가 좋으니 더 만들어주십시오."라고 해서 그 후에도 납품을 지속했다.

그러나 그로부터 몇 년 후에 국회로부터 심각한 질타를 받게 되었다. '최근 두각을 드러낸 교세라라는 회사가 인가도 받지 않은 인공 무릎관절을 연약한 환자에게 팔아넘겨 부정하게 돈을 벌고 있다.'라는 것이다.

여론이 대단히 시끄러워졌다. 신문과 잡지에도 '교세라의 악덕 상술'이라는 기사가 대서특필되었다.

동기가 어떠하든, 절차상에 미비한 점이 있었던 것은 사실이니 크게 반성하고 회사 차원에서도 사죄했다. 또 1개월 조업 정지 처분을 받아들이는 동시에 관련된 환자의 치료비도 회사가 전액 지불할 것을 자율적으로 결정했다. 또한 재발 방지를 위해 사내에 특별감사 대책본부를 설치하고 관리 체제도 개선했다. 그럼에도 악덕 상술이라는 말이 신문, 잡지에 연일 올라왔으므로 무척 견디기 힘들었다.

그때 나는 평소에 가르침을 주셨던 교토 엔푸쿠지円福寺의 니시카타 단세쓰 스님을 찾아갔다.

"신문을 봐서 아시겠지만, 무척 곤란한 상황에 빠져서

곤욕을 치르고 있습니다."

단세쓰 스님은 내 이야기를 듣고 웃으며 말씀하셨다.

"이나모리 씨, 괴로운 건 살아 있다는 증거입니다."

나는 죽을 것 같이 괴로운데 살아 있다는 증거라니? 이해가 되지 않아서 스님의 얼굴을 의아하게 쳐다보았다.

"살아 있으니 그런 괴로움도 당하는 겁니다. 죽으면 그럴 일도 없지요. 그러니 괴로운 건 살아 있는 증거입니다."

당연한 말처럼 들렸다. 그러나 스님이 뒤이어 하신 말씀에 무릎을 탁 쳤다.

"전생인지 현생인지 모르지만, 당신이 과거에 쌓은 업의 결과로 이런 일이 벌어진 것입니다. 지금은 분명 힘들겁니다. 그러나 당신의 업의 결과가 이렇게 나타났다는 것은 그 업이 이미 사라졌다는 뜻입니다. 생각하기에 따라서는 업이 사라진 것은 매우 기쁜 일이지요. 목숨을 잃는 것도 아니고, 언론의 비난을 받는 정도로 업이 해결된다면 기쁘지 않겠습니까? 오히려 축하할 일입니다."

순리대로 경영을 하는 가운데 맞닥뜨린 곤경이었다. 전생인지 현생인지 모르지만, 어디선가 만들어진 업이 결과로 드러났을 뿐이다. 나는 '업이 사라졌다고 생각하고 축하해야 한다.'라는 스님의 말을 듣고 단숨에 괴로움이 사라지는 것을 느꼈다.

올바른 일을 했는데도 견디기 힘든 상황에 처하면, 아무래도 기가 죽어서 몸이 움츠러들기 마련이다. 그러나 그럴 때일수록 끙끙 앓지 말고, 잘못을 깊이 반성한 후에 미래를 향한 새로운 걸음을 힘차게 내딛는 것이 중요하다. 그것이야말로 현재의 고생을 헛되지 않게 장래의 양식으로 삼는 길이다.

# 적극

## 積極

---

누가 보아도 비참할 정도의 재난을 당했다면
그 사건은 그 사람의 장래에
분명 긍정적인 영향을 미칠 것이다.
그것은 그에게 하늘이 준
'포상'일지도 모른다.

## 18

## 적극적으로 받아들이면 행운도, 불운도 에너지다

인생에는 반드시 굴곡과 기복이 있다. 행운이 찾아올 때가 있는가 하면 어려움을 당할 때도 있다. 그러므로 고난이 닥쳐와도 견뎌야 한다. 어려운 일을 당해도 세상을 원망하지 말고 오로지 견뎌야 한다. 그 '견딤'을 통해 인격이 단련되기 때문이다.

나는 고난을 견뎌본 사람과 그렇지 않은 사람의 미래가 전혀 다르다고 생각한다. 고난에 맞닥뜨렸을 때 좌절하여 단념하거나 타협하는가? 아니면 그것을 극복하려고 더 노력하는가? 여기서 인간의 성장이 결정된다.

하늘은 결코 우리에게 안정된 삶을 주지 않는다. 다양한 시련을 부여한 뒤 그것과 어우러져 살아갈 것을 우리에게 명령한다.

그렇다면 하늘이 준 시련을 어떻게 받아들여야 할까? 어떤 사람은 시련을 밝고 솔직하게 선의로 받아들여 적극적이고 끈질기게 극복하려고 노력한다. 한편 다른 사람은 시련을 왜곡하여 어둡고 비관적으로 받아들인다. 똑같은 시련이어도 그것을 어떻게 받아들이느냐에 따라 인생은 완전히 달라진다.

시련을 만났을 때 적극적으로 대처하면 인생이 훨씬 더 크게 열리고 더 발전한다. 한편 시련에 소극적으로 대처하는 사람의 인생은 그야말로 비참해진다. 그리고 그 비참해진 인생이 결국은 그 사람의 영혼까지 피폐하게 만든다.

즉, 시련을 받아들이는 자세가 가장 중요하다. 젊은 시절에 이런저런 좌절을 겪었다고 해서, 그 정도 이유로 인생을 망쳐서는 안 된다. 지금 어떤 상황에 처해 있든, 누구나 마음가짐에 따라 앞에 펼쳐진 길고 긴 인생을 멋지게 만들 수 있다.


지금 불행의 한가운데에 있다면 이렇게 생각해보면 어떨까? 실제로 나는 젊은 시절에 힘든 일을 겪을 때마다 이렇게 생각했다.

'젊을 때 이런 일을 겪고 이렇게나 고생한 사람은 우리나라에서 몇 안 될 것이다. 하지만 불행하다고 생각하지 말자. 나는 다른 사람이 못해본 경험을 하는 것이니까.'

인생에서 일어나는 일은 좋은 일이든 나쁜 일이든 전부 시련이다. 우리를 완성된 인간으로 성장시키기 위해 하늘이 준 시련이다. 살다 보면 큰 실패를 겪고 '내 인생은 이미 틀렸다.'는 부정적인 생각이 들지도 모른다. 그러나 그 실패 역시 하늘이 준 것이다. 우리가 더 높이 날아오를 수 있도록 하늘이 마련한 선물이다.

인생의 성과를 눈앞에서 일어나는 일만 보고 인간의 얄팍한 지혜로 판단해서는 안 된다. 하늘의 높은 관점에서 보아야 한다. 그러면 세상이 전혀 다르게 보일 것이다. 지금 누가 보아도 비참할 정도의 재난을 당했다면, 그 사건은 그 사람의 장래에 분명 긍정적인 영향을 미칠 것이다. 그것은 그에게 하늘이 준 '포상'일지도 모른다.

하늘은 사람이 좋은 생각을 하고 좋은 일을 했을 때 그 보답으로 힘든 일, 비참한 일을 주기도 한다. 그 고난에 정면으로 맞서서 어떻게 대처하느냐에 따라 앞으로의 인생 항로가 달라진다.

자연을 바라보자. 식물은 괴롭힘을 당하면 그것에 반발하여 더 억세게 자란다. 자연스럽게 자라도록 가만히 놔둔 나무에 비해 '가지치기'한 나무가 더 굵고 튼튼하게 자란다. 나무는 '가지치기'라는 고난을 당한 셈이지만 오히려 그 고난 때문에 더 빨리 더 강하게 성장하는 것이다. 보리도 겨울에 보리밟기를 해서 일부러 괴롭혀주면 오히려 더 잘 자란다. 또 고구마는 어떤가. 고구마의 덩굴은 땅 위를 기어가듯 뻗어 나가는데, 그대로 두지 말고 성장기인 여름에 줄기를 모두 뒤집어주어야 한다. 불쌍하지만 그렇게 해야 쓸데없는 뿌리가 생기지 않아 더 크고 실한 고구마를 얻을 수 있다.

이렇듯 모든 자연은 시련을 양식 삼아 성장하게 되어 있다. 우리도 일 때문에 힘들거나 질병으로 인해 건강이 나빠졌을 때 '이 역경은 나를 더 강하고 멋진 사람으로 만들려고 하늘이 주신 선물이다.'라는 적극적인 태도로 시련을 받아들여야 한다.

# 7

## 순수한 마음을 유지할 것

"성공 유전자를 깨우는 것은
남을 위하는 아름다운 마음이다."

# 감사

## 感謝

---

어떤 경우에든
불평불만을 품지 말고 살아야 한다.
무언가 '우리를 살게 해주는 것'에
항상 감사하라.
그렇게 행복을 느낄 줄 아는 마음이 있어야
인생이 풍요롭고 윤택하고 아름다워진다.

## 19

## 어떤 경우든 천진난만하게 감사하자

27세 때 교세라를 설립한 후에 나는 매사에 '감사'하는 마음을 갖게 되었다. '경영을 해본 경험이 전혀 없는 나를 위해 집까지 저당 잡혀서 회사를 설립해주신 분들의 기대에 부응해야 한다.'라는 생각으로 죽을힘을 다해 일하다 보니, 마음 깊은 곳에서 감사하는 마음이 솟아났다.

다행히 오래지 않아 회사 경영은 어느 정도 궤도에 올랐고, 대출금을 갚을 수 있다는 희망도 생겼다. 하지만 결코 경제적으로 풍요로워진 것은 아니었다. 뿐만 아니라 종일 바쁘게 일하는 틈틈이 고객 불만을 처리하는 등 골치 아픈 일도 끊이지 않았다. 그야말로 밤낮없이 일에 매진하는 생활이었다.

그래도 함께 열심히 일해주는 직원들과 주문을 해주는 고객들, 언제나 무리한 부탁을 들어주는 거래처 등 주위에 고마운 사람들, 회사들이 많았다. 나는 그들에 대한 고마운 마음을 한시도 잊은 적이 없다. 물론 고객들은 매년 가격 인하를 인정사정없이 요구했지만 그조차도 '교세라를 단련시켜주는 고마운 일'이라고 생각하고 감사했다.

주어진 환경을 부정적으로 받아들이고 비굴해지거나 원한을 품을 것인가, 아니면 까다로운 요구조차 자신을 성장시킬 기회로 삼아 긍정적으로 받아들일 것인가. 어느 쪽을 선택하느냐에 따라 인생의 결과도 크게 달라지지 않을까?

현재가 괴로울수록 불평불만을 늘어놓기 쉽다. 누구나 비슷한 마음일 것이다. 그러나 그 불평불만은 어디에도 가지 않고 결국 자신에게 돌아와 인생을 더 망가뜨린다. 그러므로 어떤 경우에든 감사하는 마음을 잊지 않기 바란다.

그러나 말은 그렇게 해도, 항상 감사하기가 쉽지만은 않다. 그래서 억지로라도 자신을 설득하여 무엇이든 고맙다고 생각하려고 노력하는 것이 중요하다. 그렇게 감사를 습관화하자.

억지로라도 고맙다고 생각하면 마음이 훨씬 편안해지고 기분도 밝아진다. 더 나아가, "감사합니다."라는 말로 감사의 마음을 솔직히 표현하면, 그 말을 들은 주위 사람들의 기분까지 좋아져서 온화하고 즐거운 분위기가 형성될 것이다. 반대로, 불평불만은 우울하고 가시 돋친 분위기를 만들어 자신을 포함한 주위 사람들을 불행하게 만든다.

사소한 일에 감사하는 행위는 세상 무엇보다 중요하고도 강력하다. 감사는 자신을 기분 좋고 멋진 사람으로 만들어줄 뿐만 아니라 주위 사람들까지 온화한 분위기로 감싸주는 효과가 있다.

내가 언제부터 감사의 습관을 갖게 되었을까 생각해보니, 아무래도 어릴 때 '숨은 염불'을 체험한 것이 그 계기가 아닐까 싶다.

'숨은 염불'이란 정부의 탄압을 피해 신앙을 지킨 정토진종 신자들의 신앙생활을 말한다. 에도 시대의 사쓰마 번은 정토진종을 위험한 사상으로 간주하고, 그것을 믿는

자들을 엄벌에 처하기로 결정했다. 그러나 독실한 신자들은 신앙을 버릴 수 없어 산속에 사당과 은신처를 만든 후 거기에 불단과 불구를 가져다 놓고 신앙을 이어나갔다. 그들의 신앙생활을 '숨은 염불'이라 하는데, 이상하게도 탄압이 사라진 쇼와 초기까지도 그 풍습이 가고시마의 시골에 남아 이어져 왔다.

어릴 때, 아버지가 가고시마 시내에서 십수 킬로미터 떨어진 곳에 있는 당신 고향에 나를 데려간 적이 있었다. 아버지는 밤중에 초롱 하나를 들고 내 손을 잡아끌며 어두운 산길을 천천히 올라갔다. 우리가 도착한 곳은 숨은 염불의 집회 장소였다.

쓸쓸한 산길이 끝나는 곳에 위치한 오두막 안에는 전등도 없이 촛불만 켜져 있었다. 안에 들어가니 스님 같은 사람이 불단 앞에 앉아 경을 읽고, 그 뒤에는 나와 비슷한 또래의 아이들이 10명쯤 앉아 있었다.

독경 후 스님 같은 사람이 돌아앉더니 아이들에게 "불단에 절을 하라."고 말했다. 그리고 나에게는 이런 이야기를 했다.

"아버지를 따라 먼 가고시마 시내에서 왔구나. 너에게

는 오늘 참배에서 부처님의 허락이 떨어졌다. 그러니 이제는 오지 않아도 된다. 다만 앞으로는 '난만난만 감사합니다.'라는 염불을 항상 외우도록 해라."

'난만'이란 '나무아미타불'을 어린 아이도 쉽게 말할 수 있도록 바꾼 사쓰마 특유의 표현이다.

나는 오랫동안 이 체험을 잊지 못했다. 그래서 지금 이 나이가 되어서도 "난만난만 감사합니다."라는 말을 하루에 수십 번쯤 무심코 내뱉는다. 아침에 세수할 때, 문득 내가 행복하게 느껴질 때 등등 아무 때나 내 입에는 "난만난만 감사합니다."라는 말이 붙어 다닌다.

사실 나는 임제종 묘심사파妙心寺派의 승려로 출가한 몸이다. 그런데 아쉽게도 내가 속한 선종에서는 '나무아미타불'을 외우지 않는다. 그래도 나는 "난만난만 감사합니다."라고 계속 외우고 다닌다. 유럽에 갔을 때는 기독교 예배당에서도 "난만난만 감사합니다."라며 합장했다. 이슬람교 사원에 갔을 때도 마찬가지였다. 나는 종교가 달라도 이 세상을 다스리는 절대적인 존재는 하나라고 믿고 언제나 그렇게 염불을 외운다.

사람은 혼자서는 살 수 없다. 우리가 오늘 살아 있는 것, 그리고 마음껏 일할 수 있는 것은 공기와 물, 음식 등 지구 환경에서부터 사회, 가족과 직장 동료에 이르기까지 우리 주변을 둘러싼 온갖 존재가 우리를 돕고 있기 때문이다. 그런 의미에서 '우리가 스스로 살아 있다'기보다 '무언가가 우리를 살게 해주는' 셈이다. 그렇게 생각하면 이 세상에 태어난 것, 또 건강하게 사는 것에 대해 자연스럽게 감사하는 마음이 생겨날 것이다. 감사하는 마음이 생겨나면 행복도 자연스럽게 느껴질 것이다.

어떤 경우에든 불평불만을 품지 말고, 살아 있는 것, 아니 무언가가 우리를 살게 해주는 것에 항상 감사하자. 그렇게 행복을 느낄 줄 아는 마음이 있어야 인생이 풍요롭고 윤택하고 아름다워진다.

# 지족

**知足**

---

욕심을 최대한 버려야 한다.
삼독三毒을 완전히 없앨 수는 없지만
그것을 스스로 제어하고
억제하려고 애쓰는 것이 중요하다.

## 20

## '만족할 줄 아는 마음'만 있으면
## 누구나 행복해진다

　물질적으로 아무리 풍족해도 욕망을 끝없이 좇다 보면 만족을 모르게 된다. 그러면 마음속이 언제나 불만으로 가득해져서 결코 행복을 느낄 수 없다. 반면, 물질적으로 풍족하지 못하고 가진 것이 없는 사람도 만족하는 마음만 있으면 행복해진다.

　즉 행복은 사람의 마음에 달린 것이므로 '이런 조건을 만족시키면 행복해진다.'는 보편적 기준은 어디에도 없다. 그러므로 죽을 때 "대단히 행복한 인생이었다."라고 고백할 수 있도록 마음을 가꾸는 것이 중요하다. 그런 '아름다운 마음'이 없이는 결코 행복해질 수 없다.

그런데 그런 아름다운 마음을 가꾸려면 어떻게 해야 할까?

인간에게는 108번뇌가 있다고 한다. 부처는 이 번뇌가 인간을 괴롭히는 원흉이라고 말했다. 또 그 번뇌 중에서도 가장 강력한 것이 '욕망', '불평', '분노'라는 '삼독三毒'이라고 했다.

우리 인간은 이 삼독에 사로잡혀 하루하루를 사는 존재다. '남보다 잘살고 싶다.', '편하게 돈을 벌고 싶다.', '빨리 출세하고 싶다.'는 물욕과 명예욕은 모든 사람의 마음속에 존재한다. 우리는 그 욕망이 이루어지지 않으면 '왜 생각대로 되지 않을까?' 하며 곧바로 화를 내고 바라는 것을 손에 넣은 사람에게 질투를 품는다.

사람은 대부분 이런 번뇌에 24시간 휘둘리며 살아간다. 그러나 이처럼 삼독에 휘둘리며 사는 한 결코 행복을 느낄 수 없다.

부처는 욕망에 사로잡힌 인간의 모습을 다음과 같은 비유를 들어 이야기했다. 러시아의 대문호 톨스토이는 이 비유에 대해서 "인간을 이만큼 잘 표현한 사례는 없을 것이다."라며 감탄했다고 전해진다. 그 이야기는 다음과 같다.

깊은 가을날, 찬바람이 부는 쓸쓸한 풍경 속에서 한 나그네가 귀갓길을 서두르고 있었다. 그런데 얼핏 보니 길가에 흰 물체가 어지럽게 떨어져 있다. 나그네가 무엇일까 하고 가까이 가서 살펴보니 사람의 뼈였다. '이런 곳에 사람 뼈가 왜 있지?'라고 생각하면서 길을 계속 가는데, 길 저편에서 큰 호랑이 한 마리가 으르렁대며 다가오고 있었다.

나그네는 정신이 번쩍 들면서 '호랑이에게 잡아먹힌 사람들의 뼈였구나.'라고 깨닫는 동시에 발길을 돌려 쏜살같이 달아났다. 그러나 아무래도 길을 잘못 들었는지 낭떠러지에 몰려 오도 가도 못하게 되었다.

주변을 잘 둘러보니 낭떠러지 끝에 소나무 한 그루가 있었다. 어떻게든 도망치려는 생각에 나그네는 그 소나무를 기어올랐는데, 호랑이도 고양잇과 동물이므로 발톱을 세우고 나무 위로 기어오르기 시작했다. 나그네는 이제 틀렸다고 생각하며 무심코 아래를 보았는데, 다행히 소나무 가지에 등나무 덩굴이 얽혀서 늘어뜨려져 있었다. 나그네는 살았다고 생각하며 그 덩굴을 타고 아래로 내려갔다. 하지만 덩굴은 도중에 끊어져 있다.

발밑의 바다에는 성난 파도가 소용돌이치고, 머리 위에

서는 덩굴을 타지 못하는 호랑이가 아쉬운 듯 입맛을 다시며 대롱대롱 매달린 나그네를 노려보고 있었다. 어쨌거나 호랑이가 덩굴 아래로는 오지 못할 테니 일단은 안심이라고 생각했다. 그런데 그 순간, 위쪽에서 갉작거리는 소리가 났다. 얼핏 보니 흰 쥐와 검은 쥐가 동시에 덩굴을 갉아대고 있었다. 나그네는 '이제 정말 끝이구나, 저 쥐들이 덩굴을 끊어버리면 나는 바닷속에 거꾸로 처박히는 수밖에 없겠구나.'라고 생각했다. 나그네가 할 수 있는 일이라고는 "쉬, 쉬." 하며 덩굴을 흔들어 쥐를 쫓는 것뿐이었다.

그런데 그 순간, 무언가 뜨뜻하고 끈적한 것이 위에서 떨어졌다. 뭔가 싶어 핥아보았더니 달콤한 꿀이었다. 살펴보니 위쪽에 벌집이 있는데 나그네가 덩굴을 흔들 때 벌집도 흔들려 꿀이 떨어진 것이다.

나그네는 어느 새 두 마리 쥐가 덩굴을 갉아대는 것도 잊은 채, 꿀의 달콤함에 취해버렸다. 그러나 발밑에서는 여전히 소용돌이치는 파도 속에서 붉고 검고 푸른 용이 입을 벌리고 있었다. 곧 떨어질 나그네를 당장이라도 잡아먹으려고 말이다. 나그네는 아래를 보면 무서워져서, 오로지 위쪽만 보고 덩굴을 흔들며 꿀을 핥았다.

부처는 "이게 인간이다."라고 말했다. 모두 이 이야기를 듣고 웃었을지 모르지만, 사실은 그것이 바로 인간이라는 존재, 우리 자신의 모습이다. 부처의 이야기를 해석하면 다음과 같다.

찬바람이 부는 가을날에 혼자 귀가를 서두르듯, 인생은 아무리 친구나 동료가 많아도 결국 혼자 걷는 길이다. 사람은 혼자 태어나고 혼자 죽는다. 호랑이는 무상無常, 곧 죽음을 의미한다. 인간은 태어난 그 순간부터 죽음의 위협에 직면한다. 죽음이라는 호랑이가 언제나 뒤를 쫓아온다. 그래서 이런저런 건강식을 먹고, 의사에게 의존하고, 종교에 귀의하기도 하면서 어떻게든 도망치려고 우왕좌왕한다.

그래서 겨우 도달한 소나무는 지금까지 쌓아올린 지위와 재산이다. 거기서 구원을 찾지만 죽음은 예외가 없다. 지위와 재산도 죽음 앞에서는 아무런 도움도 되지 않는다. 그것이 가느다란 덩굴에 매달린 인간의 모습이다. 덩굴 뿌리를 갉아대는 흰 쥐는 낮, 검은 쥐는 밤이다. 즉 낮과 밤이 번갈아 찾아오는 동안 인간은 결국 수명이 다한다.

바닷속의 3마리 용은 앞에서 말한 삼독, 즉 3가지 독이다. 붉은 용은 '분노', 검은 용은 '욕망', 푸른 용은 '불평'이다. 우리 자신의 마음이 만들어낸 이 3가지 독이 우리의 인생을 망친다.

인간이란 태어나서 죽을 때까지 혼자 걷는 존재다. 그러면서 항상 죽음에 쫓기고, 또 자신의 마음이 만들어낸 3가지 독에 쫓기며 살아야 한다. 그래서 부처는 지계(持戒, 도덕규범을 실천하는 것 - 옮긴이)를 강조하며 이기심과 번뇌를 억눌러야 한다고 말했다.

물론 이기심과 번뇌는 인간이 생존하는 데 필요한 에너지이기도 하니 싸잡아 부정할 생각은 없다. 그러나 거기에는 인간을 끊임없이 괴롭히고 인생을 망가뜨리는 맹독이 들어 있다. 이기심과 번뇌야말로 사람을 불행하게 만들고 인생을 망가뜨리는 원흉이다.

한편 인간에게는 번뇌에 정반대되는 훌륭한 마음도 있다. 누구나 남을 돕거나 세상을 위해 애쓰면서 기쁨을 느끼는 아름다운 마음을 갖고 있다. 그러나 번뇌가 너무 강하면 이 마음이 좀처럼 발휘되지 않는다.

그러므로 욕심을 최대한 버려야 한다. 삼독을 완전히

없앨 수는 없지만 그것을 스스로 제어하고 억제하려고 애쓰는 것이 중요하다. 그래야 원래부터 가지고 있던 아름다운 마음이 드러난다.

그래서 부처는 '만족을 아는 마음', 즉 '행복을 느끼는 마음'을 가꾸라고 했다. 아등바등 욕심을 부리고, 분노에 휘둘리고, 불평불만을 늘어놓으며 살지 말고, 마음의 풍요함을 추구하라는 것이다. 그처럼 만족을 알고 항상 감사하는 마음으로 살면 인생은 참으로 풍요롭고 행복해질 것이다.

# 반성

**反省**

---

반성으로 스스로를 경계하고
이기적인 마음을 최대한 억누른다면
모든 인간에게 갖춰진 아름다운 마음이
반드시 드러날 것이다.

## 21

## 부지런히 가꾼 '순수한 마음'은 남들도 알아본다

인간에게는 자신만 좋으면 된다는 이기적인 마음과는 정반대인, 항상 감사하고 남을 배려하며 다른 사람을 위해 애쓸 때 기쁨을 느끼는 아름다운 마음이 있다. 바로 '양심'이라 불리는 숭고한 마음이다. 그러므로 우리는, 앞에서 이야기했듯 이기적인 마음을 억제하고 아름다운 양심을 꽃피우기 위해 노력해야 한다.

그러면 어떻게 해야 '양심'을 꽃피울 수 있을까? 대부분의 사람들은 마음의 소중함을 잘 모른다. 그래서 마음을 훌륭하게 가꾸는 일에 별로 관심이 없다. 그러므로 일단은 '마음을 성장시키자.', '마음을 아름답게 가꾸자.'라는 생각을 품는 것이 중요하다. 하지만 우리는 번뇌와 욕심으로 가득한 인간이므로 그러기가 쉽지 않다. 그래도 '마음을 성장시켜야 한다.'라는 생각을 갖고 항상 노력해야 한다.

자칫하면 이기심으로 가득해지는 마음을 깨끗하게 유지하며 성장시키려고 노력하는 사람은 소위 도를 닦는 수행자와도 같다.

이렇게 말하는 나도 아직 불완전한 인간이다. "당신의 마음은 얼마나 깨끗합니까?"라고 묻는다면 대답하기도 부끄러울 정도다. 나 역시 틈만 나면 못된 짓을 하려 하고, 사사로운 욕망을 채우려 하는 보통 인간이다.

그러나 그것을 알기 때문에 지금보다 더 나빠지지 않으려고 열심히 노력하고 있다. 그러다 보면, 마음속에서 '너는 어떤가?'라고 나 자신을 질책하는 또 하나의 내가 등장한다. 그처럼 두 자아가 갈등하는 중에 인격을 조금씩이나마 성장시키고 있다. 이처럼 반성을 통해 마음을 조금이라도 성장시켜 나가는 것이 진정한 인생이라고 생각한다.


이처럼 반성을 통해 마음을 관리하는 것이 인간에게 무척 중요한 일인데도, 대부분의 사람들은 반성에 그다지 관심을 갖지 않는다. 사람들은 혼자 마음속으로 무엇을 생각하든 상관없다고 믿는다. 그러나 마음으로 생각한 일은 반드시 현실로 나타나는 법이다. 그러므로 마음을 어떻게 유지하느냐가 매우 중요하다.

앞서 소개한 계몽사상가 제임스 알렌은 그의 저서 《생각하는 그대로》에서, 마음 관리에 관해 다음과 같이 말했다.

"인간의 마음은 정원과 같다. 그것은 지적知的으로 경작되기도 하고 방임되기도 하는데, 거기서는 어떤 경우든 반드시 무언가가 생산된다. 만약 당신이 자신의 정원에 아름다운 화초의 씨앗을 뿌리지 않는다면, 그곳에 결국 잡초 씨앗이 무수히 떨어져 잡초만 무성한 수풀이 되고 말 것이다."

이어 그는 이렇게 말했다.

"훌륭한 정원사는 정원을 경작하고 잡초를 뽑고 아름다운 화초의 씨앗을 뿌린 뒤 그것을 열심히 키운다. 우리도 마찬가지로, 훌륭한 인생을 살고 싶다면 스스로 마음의 정원을 일구어 거기서 불순하고 그릇된 생각을 뽑아내고 맑고 올바른 생각을 심어서 잘 길러야 한다."

마음의 정원을 일구고 매일 반성을 함으로써 잡초, 즉 나쁜 생각을 제거하고 훌륭한 생각을 심어야 한다. 즉 마음속의 악한 생각을 반성하고 선한 생각을 길러야 한다. 제임스 알렌은 그것을 원예에 비유하여 이야기한 것이다. 그는 이야기를 이렇게 맺었다.

"올바른 생각을 선택하고 그것을 깊이 명상함으로써 우리는 고매하고 숭고한 인간으로 발전할 수 있다. 한편 그릇된 생각을 선택하여 명상하면 짐승 같은 인간으로 후퇴할 수도 있다.

마음속에 싹튼 생각의 씨앗은 자기 자신과 똑같은 씨앗을 만들어낸다. 그것은 빠르든 늦든 행위로써 개화하고 환경으로써 열매 맺는다. 좋은 생각은 좋은 열매를 맺고 나쁜 생각은 나쁜 열매를 맺는다."

마음속에 선한 생각을 품으면 좋은 열매를 맺고 나쁜 생각을 품으면 나쁜 열매를 맺는다. 그러므로 마음이라는 정원에 잡초를 뽑고 자신이 바라는 아름다운 화초의 씨앗을 뿌린 뒤 정성껏 물을 주고 비료를 쳐서 관리해야 한다. 아무 손질도 하지 않고 그대로 내버려두면 인간의 마음은 반드시 이기적이고 탐욕스러운 생각으로 가득 찬다. 그래서 '반성'이 매우 중요하다. 반성은 마음속 잡초를 뽑아내는 일이다.

교세라가 순조롭게 성장, 발전을 지속하여 좋은 회사라는 평가를 받게 되었을 때부터, 또 뜻밖에도 나 역시 경영자로서 높은 평가를 받게 되었을 때부터 나는 '반성'의 가치를 마음에 깊이 새기고 하루를 반성하는 것을 정해진 일과로 삼고 있다.

나는 매일 일어날 때와 잠들기 전에 세면대 앞에서 거울을 보는데, 그럴 때마다 어제 일어난 일, 오늘 내가 했던 일들을 죽 돌아보고 '남에게 불쾌한 언동을 하지 않았는가?', '불친절하지는 않았는가?', '교만하게 행동하지 않았는가?'라고 나 자신을 엄격하게 추궁한다. 그리고 혹시라도 인간으로서 부끄러운 점이 발견되면 자신을 강하게 질책하며 같은 잘못을 반복하지 않도록 경계한다.

때로는 집이나 호텔 방에 들어와 잠자리에 들자마자 무의식중에 "신이시여, 죄송합니다."라는 반성의 말이 튀어나오기도 한다. 이 "죄송합니다."라는 말에는 내 태도를 상대에게 사죄하고 싶다는 솔직한 마음과 함께, 부족한 나에 대해 신에게 용서를 구하고 싶은 마음이 담겨 있다. 혼자 있을 때 무의식적으로 튀어나오는 이 반성과 자계自戒의 말은 내 양심이 이기적인 나를 질책하는 증거일 것이다.

이처럼 반성으로 스스로를 경계하고 이기적인 마음을 최대한 억누른다면, 모든 인간에게 숨어 있는 아름다운 마음이 반드시 겉으로 드러날 것이다. 나도 그런 사람이고 싶다. 마음이 나날이 더 아름다워지기를 바라며 오늘도 부지런한 정원사처럼 내 마음을 손질할 것이다.

## 8
## 겸허할 것

"자신을 사랑하는 마음을
억눌러야 한다."

# 극기

**克己**

―――――

으스대지 않고 항상 겸허한 사람.
자기 일은 옆으로 제쳐놓고
언제든 세상과 남을 배려해서 행동하는 사람.
그렇게 자기 욕망과 허영을 억누를 수 있는
극기심의 소유자야말로
진정한 인격자다.

## 22

## 시련 때문이 아니라
## 시련에 대처하는 태도 때문에 망한다

어느 중국 고전에 "겸손한 자만이 복을 받는다."라는 말이 나온다. 교만한 인간은 행복을 얻을 수 없고, 겸허한 마음의 소유자만이 행복을 얻을 수 있다는 뜻이다.

겸허해지면, 즉 자신을 낮추면 어쩐지 초라해질 것 같다고 생각하는 사람도 있겠지만 그것은 큰 오해다. 스스로에게 자랑스러운 것이 전혀 없는 사람일수록 남들 앞에서 으스대고 거들먹거린다. 그런 식으로 과시욕을 채우는 것이다.

아무리 대단한 사회적 명성을 얻어도 혹은 아무리 큰 회사나 조직의 지도자로서 많은 사람을 이끌고 있어도 전혀 으스대지 않고 항상 겸허할 수 있는 사람, 자기 일은 옆으로 제쳐놓고 언제든 세상과 남을 배려해서 행동할 수 있는 사람, 그렇게 자기 욕망과 허영을 억누를 수 있는 극기심의 소유자야말로 진정한 인격자라고 생각한다.

주위를 보면, 사업이든 과제든 무언가를 붙들고 씨름할 때 80% 정도까지는 잘하다가 나머지 20%를 풀지 못하는 사람들이 있다. 중간까지는 잘 풀리다가도 마지막에 결국 해내지 못하는 경우다.

그런 사람들은 공통점이 있다. 일을 시작할 때는 신중함과 겸허함을 잃지 않고 필사적으로 노력한다. 그래서 성공하고 신문, 잡지에 떠들썩하게 소개될 만큼 유명해지기도 한다. 그러나 그러다 보면 어느새 자신을 억누르는 마음이 약해지고 자신을 사랑하는 마음, 즉 이기심이 강해진다. 그래서 점점 자기 자신을 칭송하기 시작한다.

그들은 '나는 그런 고난까지 이겨내며 잘해냈다.'라는 생각이 강해져서 점점 교만해진다. 성공하고 유명해지면 그런 교만, 자만심이 강해지기 쉽다.

시련이란 일반적인 고난만을 의미하지 않는다. 인간에게는 빛나는 성공조차 시련일 수 있다.

우리는 사업에 성공하여 높은 지위와 명성, 큰 재산을 얻은 사람을 "저 사람은 행복하겠지?" 하는 선망의 눈길로 바라보기 쉽다. 그러나 그 성공조차 하늘이 준 혹독한 시련일지 모른다. 세상에는 인생에서 성공을 거두고 부자가 되자마자 사치와 향락에 빠지는 사람이 많다. 또 명성을 얻자마자 자만하여 안하무인 격으로 사람을 대하는 등, 결국 잘못된 길로 들어서는 사람도 많다.

세계의 영광스러운 무대에서 활약하는 프로 축구선수들 중에는 20대의 젊은 나이에 수천만 엔, 심지어는 1억 엔 이상의 연봉을 받는 사람도 있다. 그 정도면 일본의 웬만한 상장기업 사장의 연봉 혹은 그것보다 많은 금액이다. 대학을 갓 졸업한 평범한 스물두서너 살의 신입사원의 연봉은 기껏해야 300만 엔 정도니, 동년배보다 10배 이상을 번다는 것은 분명 인생에서 큰 성공을 거두었음을 의미한다.

그러나 젊은 시절의 이런 단기적 성공과 명성은 결코 먼 장래를 약속하지 않는다. 오히려 남다른 재능 덕분에 젊은 나이에 부자가 되어 주위 사람들로부터 극진한 대접을 받다 보니 장래를 진지하게 생각하지 않고 순간순간의 즐거움에 탐닉하다가 나중에 후회하는 경우가 많다.

가령 축구선수의 경우 선수 생명은 보통 30세 정도면 끝난다. 인생이 80세까지라고 하면 직업적인 수명이 다한 이후에도 50년이라는 긴 세월이 남아 있는 셈이다. 그런데 은퇴 후 감독이나 코치로 축구계에 남는 사람은 극히 일부다. 대부분의 선수는 축구계를 떠나 다른 분야에서 제2의 인생을 시작한다.

그런 의미에서 보면, 현역 선수로 활약할 때 몸에 밴 삶의 태도가 이후의 인생을 결정짓는다 해도 과언이 아니다. 개중에는 "내 재능으로 번 돈이니 마음대로 실컷 써야지." 하며 노는 데 심취해서 몸을 망치는 사람도 있고, 현역 시절부터 무슨 일에든 성실히 임한 결과 은퇴 후 일반 회사에서 일하면서도 훌륭한 사회인으로서의 삶을 영위하는 사람도 있을 것이다.

그런 사례를 보면, 앞에서도 이야기했다시피 신이 일부러 행운을 주어 그 사람이 어떻게 변하는지 시험하는 것이 아닐까 싶을 때도 있다. 그 시련에 올바른 자세로 대처하면 선한 결과를 얻고, 그릇된 자세로 대처하면 악한 결과를 얻는다.

인생은 변화무쌍하기 짝이 없다. 주변을 둘러보면 '저 사람은 그때 성공하지 않는 게 나았어. 그렇게 크게 성공하지 않았더라면 나중에 오히려 괜찮은 삶을 살았을 텐데.'라는 생각이 들게 하는 사람이 많다. 또 그와 반대로, 어려운 상황에 빠져도 시련을 이겨내고 멋진 인생을 사는 사람도 많다.

그러므로 행운을 만나든 불운을 만나든, 언제나 겸허하게 자기 자신을 지키며 사는 것이 중요하다. 이것을 명심하고 겸허함을 잃지 말자. 매일 자신을 반성하면서 인생을 성실하고 진지하게 살기 바란다. 그렇게 살다 보면 상상도 못할 만큼 순조로운 인생이 반드시 펼쳐질 것이다.

# 정진

## 精進

---

누구나 타고난 '성격'은 완전하지 않다.
그렇기 때문에 후천적으로 훌륭한 '철학'을 익혀
'인격'을 가다듬는 일에 힘쓸 필요가 있다.

## 23

## 타고난 성격은 못 바꿔도 인격은 가다듬을 수 있다

나는 지도자의 자질 중 가장 중요한 것이 바로 '인격'이라고 생각한다. 또한 고매한 '인격'을 유지하는 것이야말로 지도자의 가장 큰 사명이라고 믿는다.

그러나 많은 사람이 지도자의 중요한 자질로 '재능'과 '노력'을 꼽는다. 실제로 지금의 비즈니스계를 보면, 벤처기업으로 큰 성공을 거둔 창업자든 기업을 크게 중흥시킨 대기업 CEO든, 성공한 지도자들은 모두 재능이 충만한 재기발랄한 사람이거나 노력을 아끼지 않는 노력파인 듯하다. 그들은 재능을 자유자재로 구사하여 비즈니스를 성공시킬 뿐만 아니라 불타는 정열과 한없는 노력을 쏟아가며 사업을 성장시키고 발전으로 이끈다.

그러나 나는 혜성처럼 등장했다가 어느 순간 우리 시야에서 사라진 수많은 신진 기업과 경영자를 내 눈으로 똑똑히 보았다. 그래서 재능과 노력만으로 지도자를 평가해서는 안 된다는 사실을 깊이 깨달았다. 남다른 재능을 가지고 열심히 노력하는 사람일수록 그 강력한 힘을 제어할 통제 장치가 필요하기 때문이다.

나는 그것이 '인격'이라고 생각한다. 인격이야말로 사람이 재능을 발휘하는 방향과 노력을 기울이는 방향을 제어하는 데 가장 효과적인 통제 장치다. 이 인격이 뒤틀려 있는 사람은 아무리 뛰어난 재능과 성실함이라는 장점 있어도, 결국 잘못된 방향으로 장점을 발휘하여 인생을 망치고 만다.


물론 대부분의 지도자는 인격이 중요하다는 사실을 알고 있다. 그러나 그 인격의 실체가 과연 무엇이고, 어떻게 해야 그것을 가다듬고 유지할 수 있는지는 전혀 모른다. 그래서 일시적으로 성공했으나 그것을 유지하지 못하고 몰락하는 지도자가 끊이지 않는다.

그렇다면 인격이란 과연 무엇일까? 인격이란 인간이 태

어나면서부터 가진 '성격'과 그 후 인생을 살면서 배우고 익힌 '철학'이 합해진 것이라고 생각한다. 즉 선천적인 성격과 후천적인 철학의 화합물인 것이다.

선천적인 성격은 사람마다 가지각색이다. 강한 성격과 약한 성격, 급한 성격과 신중한 성격, 또는 이기적인 성격과 배려심 깊은 성격 등 그야말로 천차만별이다. 그런데 만약 인생을 살면서 훌륭한 철학을 익히지 못한다면 그 타고난 성격이 그대로 인격이 될 것이다. 그리고 그 인격이 재능과 노력의 방향을 결정할 것이다.

그러면 어떤 일이 벌어질까? 설사 타고난 성격이 이기적인 지도자라도 뛰어난 재능과 상당한 노력만 갖추면 성공하게 될 것이다. 그러나 그는 인격에 문제가 있으므로 언제든 사리사욕 때문에 부정을 저지를 수 있다. 그래서 그 성공을 유지하지 못한다.

유감스럽게도 누구나 타고난 성격이 완전하지 않다. 그렇기 때문에 후천적으로 훌륭한 철학을 익혀 인격을 가다듬는 일에 힘쓸 필요가 있다. 특히 큰 책임을 맡고 많은 부하를 이끄는 지도자는 인격을 최대한 가다듬고 그것을 유지하기 위해 노력해야 한다.

여기서 말하는 '훌륭한 철학'이란, 긴 역사의 비바람을 뚫고 인류가 오래전부터 계승해온 철학을 말한다. 즉 인간의 바람직한 모습, 바람직한 사고법을 전하며 우리에게 선한 영향을 끼치는 위대한 성인과 현인의 가르침이어야 한다.

그런데 이런 철학을 배울 때도 유의할 점이 있다. '아는 것과 실천하는 것은 전혀 다르다.'는 점이다. 사람들은 대부분 예수의 가르침, 부처의 가르침, 공자와 맹자의 가르침을 교과서로 배워 지식으로 이해하고 있다. 하지만 철학을 그처럼 지식으로만 갖고 있으면 아무런 가치가 없다. 철학은 자신을 경계하고 인격을 가다듬는 데 실제로 쓰이고 도움이 되어야 한다.

지도자는 인간의 바람직한 모습을 나타낸 훌륭한 철학을 거듭 배우고 그것을 이성으로 이해할 뿐만 아니라, 그 가르침을 머릿속에 항상 새기려고 노력해야 한다. 그래야만 타고난 성격의 뒤틀림과 결점을 보완하고 새로운 인격, 즉 '제2의 인격'을 완성할 수 있다. 다시 말해 훌륭한 철학을 열심히 배우고 그것을 자신의 살과 피로 만들어야만 비로소 고매한 인격을 완성할 수 있다.

그러나 사람들은 대개, 인간의 바람직한 모습을 한 번 배웠으면 그것으로 충분하다고 생각하여 좀처럼 배움을 반복하려 하지 않는다. 그러나 운동선수가 매일 육체를 단련하지 않으면 기량을 유지할 수 없듯이 마음 상태도 잠시만 손질을 게을리 하면 아차 하는 사이에 도로 아미타불이 되어버린다. 인격 역시 항상 가다듬으려고 노력하지 않으면 금세 원래대로 돌아간다. 그러므로 바람직한 인간의 모습을 알려주는 훌륭한 철학을 머릿속에 항상 새기고 인격을 높은 수준으로 유지하기 위해 노력해야 한다.

　거듭 이야기하지만, 그러기 위해서는 자신의 행동을 매일 돌아보고 반성해야 한다. '혹시 그동안 배웠던 인간의 바람직한 모습에 반하는 행동을 오늘 내가 저지르지 않았는가?' 자신에게 매일 이렇게 엄격하게 물으며 철저히 반성하자. 그래야만 훌륭한 인격을 유지할 수 있다.

# 무사

## 無私

---

자기희생을 감수할 용기가 없다면
절대 지도자가 되어서는 안 된다.
지도자란 자기 욕심을 옆으로 제쳐두고
사리를 제대로 판단할 수 있는
공평무사한 사람이어야 한다.

## 24

## 자신을 버리는 행동이 '큰 사랑'으로 이어진다

위대한 일을 성취하려는 사람일수록 커다란 자기희생을 감수해야 한다. 자기희생을 감수할 용기가 없다면 절대 지도자가 되어서는 안 된다. 지도자는 자기 욕심을 옆으로 제쳐두고 사리를 제대로 판단할 수 있는 공평무사한 사람이어야 한다.

제임스 알렌은 자기희생에 대해 다음과 같이 설명했다.

"만약 성공을 바란다면
그에 상당하는 자기희생을 감수해야 한다.
큰 성공을 바란다면 큰 자기희생을,
더없이 큰 성공을 바란다면

더없이 큰 자기희생을 각오해야 한다."

위대한 업적을 성취하려 한다면 그에 걸맞은 자기희생을 감수할 용기를 내야 한다.

생각나는 일화가 있다. 나는 중소, 중견 기업 경영자에게 경영을 가르치는 경영학원 '세이와주쿠'를 자원봉사 차원에서 운영하고 있다. 예전에 그 세이와주쿠의 학생 한 명이 나에게 이런 질문을 했다.

"경영자는 자기희생을 해야 한다고 말씀하셨는데, 사실은 저도 회사를 경영하면서 일과 가정을 양립시키기가 어렵습니다. 원장님은 가정을 돌볼 새도 없을 만큼 교세라를 경영하는 데 헌신하셨을 것 같은데, 일과 가정을 어떻게 둘 다 돌보셨습니까?"

다른 한 학생도 비슷한 질문을 했다.

"제가 일에만 열중한 탓에 아내와의 관계에 문제가 생겨 당장이라도 가정이 파탄 날 것 같습니다. 원장님은 그런 경험이 없으십니까?"

나는 조금 당황했다. 그들처럼 가정이 붕괴할 듯한 위기는 한 번도 겪어보지 못했기 때문이다. 나는 한밤중에 귀가하는 날에도 아내에게 반드시 "오늘은 이런저런 일이 있었어."라고 이야기해주었다. 바깥일을 하지 않고 집에만 있다 보면 아내도 남편이 무슨 일을 하는지 몰라 의욕이 생기지 않을 것이다. 같이 출근하지는 않아도 남편과 함께 일하고 있다는 일체감, 연대감을 느낄 수 있어야 아내 입장에서도 서운함이 없을 것 같았다. 그래서 나는 귀가가 아무리 늦어도 그날 있었던 일을 아내에게 매일 이야기해주었다. 짧은 시간이더라도 반드시 회사 일에 대해 아내와 대화하려고 노력했다.

다만 그것도 지나치면 문제가 될 수 있다. 아이들이 초등학교 저학년일 때 있었던 일이다. 한밤중에 귀가한 어느 날, 나는 자고 있는 아이들을 깨워서 이렇게 이야기했다.

"회사 경영은 무척 어려운 일이야. 아버지도 죽을힘을 다해 일하고 있지만 언제 어느 때 회사가 망할지 아무도 몰라. 아버지는 은행에 개인보증을 걸어 놓았으니 회사가 망하면 전 재산을 빼앗길 거야. 냄비, 솥, 젓가락이랑 밥그릇 정도는 건질지 모르지만, 다른 건 전부 은행에서 가져간단다. 그래서 그런 일이 생기지 않도록 아버지가 열심히 일하는 거야."

나로서는 아이들에게 미안해서 한 말이었다. 학교 공개 수업이나 운동회에 한 번도 참석하지 못하고, 휴일에 같이 놀러 가지도 못해서 말이다. 아이들에게 이해를 구하고 싶어서 "아버지는 회사의 모든 책임을 맡아서 열심히 일하고 있으며, 그것은 가족을 위한 일이기도 하다."라고 말했던 것이다.

그러나 나중에 아이들이 다 크고 나서 물어보았더니 "그때는 정말 지독한 아빠라고 생각했어요."라고 했다. 아직 한참 어린 나이에 "회사가 망하면 재산을 다 빼앗기고 젓가락과 밥그릇만 겨우 건질 수 있다."는 말을 듣고, 아이들은 몸이 덜덜 떨릴 만큼 무서웠다는 것이다. 나는 "가족을 위해 열심히 일하고 있으니 너희들과 못 놀아줘도 이해해달라."는 뜻으로 한 말이었다고 해명했지만, 아이들은 "말도 안 돼요. 우리가 그걸 어떻게 알겠어요? 그냥 지독한 아빠라고만 생각했지."라고 말했다.

그런 오해도 있었지만, 그래도 나는 가족과의 일체감을 중시해서 회사에서 있었던 일을 아내와 아이들에게 항상 이야기했고, 그런 내 마음이 영 헛되지는 않았는지 가정이 붕괴할 만한 위기는 찾아오지 않았다.

나에게 그 질문을 했던 학생에게도 이 이야기를 똑같이 들려주었다.


한편 다 큰 아이들에게서 "정말 지독한 아빠였다."라는 말을 듣고 보니 내심 찔리는 구석이 있었다. 같은 동네에 살던 다른 부모들은 모두 공개수업과 운동회 등 학교행사에 부부가 나란히 참석했다. 그런데 나만 아이가 유치원에 들어갈 때부터 대학을 졸업할 때까지 한 번도 학교에 가지 못했다. 아이들이 얼마나 쓸쓸했을지 상상이 간다.

그런데 그렇게 아이들이 마음에 걸리던 중에 앞에서 소개한 제임스 알렌의 말을 접했다. "큰 성공을 바란다면 큰 자기희생을 감수해야 한다."라는 그의 말을 듣는 순간, 나는 어쩐지 구원을 받은 듯한 기분이 들었다. 회사와 직원을 지키기 위해 가족에게도 희생을 강요하게 되었지만, 결국은 그 선택이 틀리지 않았다는 생각이 들었기 때문이다.

자기희생을 감수하며 노력한 끝에 직원과 회사를 지키고 나아가 사회 발전에 공헌했다는 자부심은 오히려 다른 무엇과도 바꿀 수 없는 인생의 훈장이 아닐까? 내 마음을 가족들도 분명히 알아줄 것이라는 확신이 들었다.

나를 움직인 것은 자기 자신, 혹은 자기 가족만 지키려는 '작은 사랑'이 아니라 수많은 직원을 지키고 나아가 사회의 진보와 발전에 공헌하려는 '큰 사랑'이었다. 그 '큰 사랑'에 인생을 바친 사람이야말로 최고로 보람 있고 행복한 사람이라고 믿는다.

# 9

## 세상과 남을 위해 ― 행동할 것

"기꺼이 자신을 희생하고
상대에게 전력하라."

# 이타

**利他**

---

'동정은 남을 위한 것이 아니다.'라는 말처럼,
친절과 배려심에서 나온 행동은
선한 결과를 가져올 뿐만 아니라
반드시 자신에게로 되돌아오는 법이다.

## 25

## 남을 도우려는 마음은
## 나에게 더 큰 행운으로 되돌아온다

인생의 방향은 다른 누구도 아닌 자기 자신이 결정하는 것이다. 하루하루를 살며 어떤 생각을 하고 어떤 행동을 하느냐에 따라 인생은 달라진다. 특히 젊은 사람들은 이것을 꼭 깨닫기 바란다.

불평불만을 품지 않고 언제나 겸허한 마음으로 살아 있음에 감사해야 한다. 세상 누구 못지않게 노력하고, 자신을 희생해서라도 세상과 남을 위해 힘써야 한다. 그처럼 '남을 돕겠다.'는 친절한 배려, 아름다운 '이타심'이 결국은 자신의 인생까지 더 훌륭하게 만든다.

그런 이타적 행동을 반복하는 사람은 얼핏 보아 인생을

멀리 돌아가는 것처럼 생각될지도 모른다. 하지만 '동정은 남을 위한 것이 아니다.'라는 말이 있듯, 친절한 배려에서 나온 행동은 반드시 선한 결과를 가져올 뿐만 아니라 반드시 자신에게로 돌아오는 법이다.

물의 흐름을 생각해보면 이해가 쉬울 것이다. 예를 들어 상대와 자신 사이에 물이 담긴 대야가 있다고 하자. 그것을 상대방 쪽으로 밀면 물이 대야 속에서 물결쳐서 결국은 자기 쪽으로 돌아오기 마련이다. 그와 마찬가지로, 남을 소중히 여기고 남을 기쁘게 해주면 그 기쁨이 저절로 자기에게 돌아온다. 그것이 세상의 이치다.

'내가 무언가를 해주었으니 상대방도 나에게 무언가를 해주어야 한다.'라는 이야기가 아니다. 상대에게 무언가를 해주었더니 그가 기뻐했다면, 그것만으로 기분이 밝아지고 자기 자신이 자랑스러워진다는 말이다.

'상대가 기뻐했다.', '상대에게 도움이 되었다.'라는 사실 자체에서 최고의 기쁨을 느낀 적이 있는가? 그 정도의 정신적 수준에 도달해야만 우리는 인간으로서 진정한 행복을 느낄 수 있다. 또 하늘의 도움을 받아 자신의 인생에도

성공할 수 있다. 이것이 바로 불교에서 말하는 '자리이타自
利利他'의 정신이다.


이것을 쉽게 설명한 예화가 있다.

어느 절의 수행승이 나이 많은 스님에게 물었다.

"지옥과 극락이 어떻게 다릅니까?"

그러자 나이 많은 스님은 이렇게 대답했다.

"지옥과 극락은 겉으로 보기에는 똑같다."

그리고 이어서 말했다.

"둘 다 큰 솥이 있고 그 안에 맛있어 보이는 국수가 보
글보글 끓고 있지. 그러나 국수를 먹으려면 바지랑대처럼
긴 젓가락을 써야 한다네."

그런데 지옥에 떨어진 사람들은 모두 이기적인 사람들
이라서 "내가 먼저 먹을 거야!"라며 솥 안에 일제히 긴 젓
가락을 들이밀고 국수를 건지려 한다. 그러나 젓가락이
너무 길어서 국수가 잘 잡히지 않는다. 그래서 다른 사람
이 건지려는 국수를 뺏으려고 서로 싸워보지만 결국 국수
는 흩어질 뿐 입에는 하나도 들어오지 않는다. 운 좋게 국
수를 건졌다 해도 자신의 입까지는 도무지 옮길 수가 없

다. 결국 아무도 국수를 먹지 못한다. 그것이 지옥이다.

반대로 극락은 환경과 조건은 똑같지만 매우 온화한 분위기다. 모두 친절한 사람들이라서 자신보다 남을 먼저 생각하므로, 자신의 긴 젓가락으로 국수를 건져서 솥 건너편에 있는 사람에게 "먼저 드세요." 하고 먹여준다. 그러면 그 사람도 "고마워요. 이번에는 당신 차례예요." 하고 똑같이 먹여준다. 그래서 그렇게 긴 젓가락으로도 서로 감사하면서 화기애애하게 국수를 먹을 수 있다. 환경과 도구가 똑같은데도 지옥에서는 아비규환이 펼쳐지고 극락에서는 전혀 다른 광경이 연출되는 것이다. 그것은 거기 있는 사람들의 마음상태가 전혀 다르기 때문이다.

모든 환경과 물리적 조건이 똑같은데, 한편에서는 아수라장 같은 쟁탈전이 벌어지고 아무도 자신이 원하는 것을 가질 수 없어 괴로워한다. 반면 다른 한편에서는 따뜻한 사랑이 흘러넘쳐 모두가 서로를 도와주기 위해 애쓴다. 그래서 서로 배려하고 배려 받는 평화롭고 행복한 광경이 펼쳐진다. 즉 마음을 어떻게 먹느냐에 따라 지옥이 극락으로 바뀌는 것이다.

그것은 현실 세계도 마찬가지다. 나만 좋으면 된다는 이기심으로 세상을 살다 보면 반드시 갈등이 생겨 인생이 나쁜 방향으로 흘러간다. 그러므로 이기심을 버리고 자신부터 주변을 배려하려고 노력해야 한다. 각자가 그런 '이타심'으로 세상을 살면 인간미 있는 평화롭고 행복한 사회가 구축될 것이고, 구성원 각자의 인생도 더욱 밝아질 것이다.

세상과
남을 위해
행동할 것

# 공헌

## 貢獻

---

사람의 행동 중 가장 숭고한 것은
남의 위해 무언가를 베푸는 행위다.
사람은 보통 자신을 제일 먼저 생각하기 쉽지만
사실은 누구에게나 남을 돕고 기쁘게 하는 것을
최고의 행복으로 여기는 마음이 있다.
인간의 본성은 그만큼 아름답다.

## 26

## 세상을 위해 베푸는 것은 빚을 갚는 일이다

나는 교세라를 창업한 이래 파인 세라믹을 개발하고 회사를 경영하는 일에 전념했다. 다행히 그 결과로 회사가 순조롭게 성장해주었고 그 덕분에 이런저런 상을 받을 기회도 여러 번 있었다.

1981년에 처음으로 도쿄 요리대학의 고故 반 이쓰키 교수가 제정한 '반 기념상'을 받게 되었다. 처음에는 상을 준다고 해서 별 생각 없이 기쁘게 받았다. 그런데 알고 보니 이 상은 반 선생이 자신의 특허 사용료 수입을 자금으로 삼아 기술 개발에 공헌한 사람을 표창하는 상이었다. 그래서 반 선생을 만난 뒤로는 수상식에서 그저 즐겁게 상을 받았던 나 자신이 무척 부끄럽게 느껴졌다.

반 선생은 자신의 특허 사용료로 나오는 한정된 자금으로 표창 사업을 운영하고 있었다. 반대로, 기업을 경영하여 나름대로 성공을 거두고 운 좋게 재산도 어느 정도 모은 내가 희희낙락하며 상을 받는 입장에 서 있었다. '이래도 될까? 사실은 내가 주는 입장이어야 하는 게 아닐까?'라는 마음이 들 수밖에 없었다.

그때부터 나는 내가 얻은 것을 어떤 형태로든 세상에 돌려주어야겠다고 생각했다. 그리고 1984년 4월, 내 주식과 현금을 합친 약 200억 엔을 기본 자금으로 삼아 이나모리 재단을 설립하고 '교토상'을 창설했다.

교토상 창설을 발표한 뒤 노벨상의 운영방식을 배우려고 노벨 재단을 방문했다. 그때 그곳 관계자에게 "노벨상과 같은 국제적인 표창 사업을 운영하는 데 가장 중요한 점은 무엇입니까?"라고 물었더니 "국제적인 관점에서 심사가 공평하고 엄정하게 이루어져야 합니다. 그리고 사업을 오래 지속해야 권위가 생깁니다."라는 대답이 돌아왔다.

또 노벨상의 경우 '노벨의 유언'이 재단의 이념으로 작용하고 있었다. 그래서 나도 '교토상 이념'을 만들어 향후 교토상의 심사, 운영의 원칙으로 삼았다.

이 이념의 맨 첫 항목에는 '세상과 남에게 도움을 주는 것이 인간으로서 최고로 가치 있는 행위다.'라는 내 오랜 인생관이 담겼다.

나는 오래전부터 지금까지 나를 성장시켜준 인류와 세상에 보답하고 싶다는 마음을 품고 있었고, 그 마음을 어떤 형태로 실천해야 할지 고민하는 중이었다. 또 남모르게 노력하는 연구자가 세상에 많은데도 그들을 진심으로 독려할 수 있는 상이 너무 부족하다고도 느꼈다. 그것이 교토상의 창설 이유가 되었다.

또한 현재 인류는 과학 문명의 발전에 비해 정신문화의 발달 수준이 크게 뒤처져 있는 듯하다. 나는 과학 문명과 정신문화가 결코 대립하는 것이 아니므로 양쪽 모두 균형 있게 발전하지 못하면 인류가 불행해질 것이라고 생각한다. 따라서 교토상이 과학 문명과 정신문화의 균형 있는 발전에 기여하고, 나아가 인류의 행복에 공헌할 것을 간절히 염원하는 마음까지 교토상 이념에 포함시켰다.

이렇게 만들어진 교토상 이념은 여전히 살아 있는 이념으로 활약하고 있다. 그래서 심의 위원들은 심의 과정이 벽에 부딪힐 때마다 "그러면 교토상 이념을 한 번 더 생각하며 심의를 진행해봅시다."라고 말하며 심의를 재개하곤 한다.

그런 이념에 기반을 두고 지금까지 표창 사업을 해왔는데, 교토상을 통해 멋진 사람들을 많이 만날 수 있었던 것 또한 내겐 커다란 기쁨이었다.

교토상 이념에는 '이 교토상을 수상할 사람은 우리 교세라의 직원들이 지금까지 그래왔듯, 겸허한 마음으로 남보다 더 노력하고 새로운 길을 찾으려고 애쓰며 진정한 자신을 알고 위대한 존재에 대해 경건한 마음을 품어야 한다.'라고 되어 있지만, 심사에서는 수상자의 업적을 평가할 뿐 그 인품까지 상세히 알 수는 없다.

그러나 감사하게도 지금까지 교토상을 수상한 수상자들은 모두 훌륭한 사람들이었다. 반생에 걸쳐 오로지 한 가지 일에 매진해온 그들의 진지한 자세가, 품격 있고 훌륭한 인품을 만들어냈으리라 생각한다.

교토상의 상금은 당초 노벨상의 상금이 5,000만 엔인 것에 경의를 표하는 의미에서 4,500만 엔으로 책정되었지만, 그 후 노벨상이 상금을 증액한 데 따라 제10회 때부터 부문 당 5,000만 엔, 총 1억 5,000만 엔으로 증액하였고 그 후 줄곧 그 금액을 유지하고 있다.

그런데 이 상금이 어디에 사용되는지 궁금해하는 사람이 많은 듯하다. 그래서 그런지 교토상 수상식이 끝나고 나면 공동 기자회견장에서 그에 대한 질문이 자주 나온다. 대개는 수상자가 자신의 연구 자금으로 쓸 것이라고 생각하겠지만, 실제로는 놀랍게도 사회에 다시 환원하는 경우가 많았다.

한 가지 예를 들면, 제3회 정신과학 및 표현예술 부문(현재는 사상 및 예술 부문)의 수상자인 폴란드 영화감독 고故 안제이 바이다Andrzej Wajda 씨는 교토상 상금을 기초로 '교토-크라쿠프Kyoto-Kraków 기금'을 설립했고, 그것을 통해 폴란드에 일본 미술을 소개하는 박물관을 만들었다. 그 외에도 대다수의 수상자가 기부를 하거나 다른 상을 제정하는 등 세상과 남을 위해 상금을 사용했다.

교토상은 연구자로서 외길 인생을 걸어온 분들을 위로하기 위해 만들어진 상이므로, 개인적으로는 수상자들이 스스로를 위해 상금을 쓰기를 희망했다. 그러나 결과적으로 이런 형태의 선순환이 이루어지는 것에도 커다란 기쁨을 느낀다.

사람의 행동 중 가장 숭고한 것은 남을 위해 무언가를 베푸는 행위다. 사람은 보통 자신을 제일 먼저 생각하기 쉽지만, 사실은 누구에게나 남을 돕고 기쁘게 하는 것을 최고의 행복으로 여기는 마음이 있다. 인간의 본성은 그만큼 아름답다.

# 조화

## 調和

―――――

우리 마음속의 생각과 겉으로 드러나는 행동이
삼라만상을 좋은 방향으로 이끄는
우주의 파장과 딱 맞아떨어질 때
우리는 인생에서 좋은 결과를 얻을 수 있다.
반대로 '나만 좋으면 된다.'는
이기적인 생각은 우주의 흐름에 역행하므로
결코 좋은 결과를 얻지 못할 것이다.

## 27

## 사랑하는 마음은 저항할 수 없는
## '우주의 의지'가 발현된 것

이 세상에는 삼라만상을 진화시키고 발전시키는 흐름이 있다. 나는 그것을 '우주의 의지'라고 불러야 하지 않을까 생각한다. 이 '우주의 의지'는 사랑과 진리와 조화로 가득하다. 그리고 우리의 마음에서 나오는 에너지가 이러한 의지에 동조하느냐 아니냐에 따라 우리의 운명이 달라진다.

우주는 처음에 초고온, 초고압의 소립자로 이루어진 한 줌의 덩어리였다. 그것이 대폭발을 일으켜 팽창하는 과정에서 현재의 거대한 우주가 생겨났다고 한다. 이것은 현대의 우주물리학자들이 이미 증명한 사실이다.

우주의 물질세계는 전부 원자로 이루어져 있다. 주기

율표를 보면 알 수 있듯, 그 원자들 중에서도 질량이 가장 작은 것이 수소 원자다. 수소 원자의 원자핵은 양성자와 중성자로 이루어져 있으며 그 원자핵 주변을 전자가 돌고 있다. 원자핵을 구성하는 양성자와 중성자를 입자 가속기로 분리하면 거기서 몇 종류의 소립자가 나온다고 한다. 즉 복수의 소립자가 결합하여 양성자와 중성자를 만든 것이다.

우주가 생길 때, 처음에는 소립자가 결합하여 양성자와 중성자를 만들었다. 그 양성자와 중성자가 결합하여 원자핵을 만들고, 원자핵이 전자를 끌어들여 최초의 수소 원자를 만들었다. 그리고 그 수소 원자끼리 융합하여 더 무거운 헬륨 원자를 만들었다.

또 이번에는 원자끼리 결합하여 분자를 만들었다. 분자는 다시 고분자를 만들었고 거기에 DNA라는 유전자가 추가되자 결국 생명체가 생겨났다. 지구상에 생겨난 최초의 생명체는 매우 원시적인 생물이었지만, 그 원시적 생물이 진화를 거듭하여 우리 인간이 되었다.

이처럼 원래 우주는 한 줌의 소립자로 시작되었다. 그러나 그것은 한순간도 현상 그대로 머무르지 않고 진화를 거듭하여 현재와 같은 우주가 되었다.

이와 같은 생성 과정을 생각해보면, 우주에는 삼라만상을 진화, 발전시키는 방향으로 이끄는 흐름, 혹은 모든 것을 자애롭게 길러내는 의지 같은 것이 존재하는 듯하다. 우리가 사는 곳이 그런 우주라면, 우리가 어떤 생각을 하고 어떤 상념을 품으며 어떤 행동을 하느냐가 더욱 중요해질 것이다.

즉 우리 마음속의 생각과 겉으로 드러나는 행동이 삼라만상을 좋은 방향으로 이끄는 우주의 파장과 딱 맞아떨어질 때 우리는 인생에서 좋은 결과를 얻을 수 있다. 반대로 '나만 좋으면 된다.', '나 말고는 어찌되든 상관없다.'라는 이기적인 생각은 우주의 흐름에 역행하므로 결코 좋은 결과를 얻지 못할 것이다.


그러므로 우리는 삼라만상을 좋은 방향으로 이끌려 하는 우주의 흐름, 즉 사랑의 흐름에 동조하는 이타심을 갖도록 노력해야 한다. '남의 기쁨이 내 기쁨이다.', '세상과 남을 도우며 살겠다.', '나뿐만 아니라 주위 사람들 모두가 항상 행복하기를 바란다.'는 등의 아름답고 순수하고 올바른 마음을 갖자. 그런 마음으로 인생을 살면 반드시 신의 도움, 소위 천우신조天佑神助를 받게 될 것이다. 교세라의 성장과 발전, 제2전전의 창업, 일본항공의 부활, 그리고 내 인생의 역사가 그것을 증명하고 있다.

이타심으로 남을 돕고 남에게 친절하게 대하자.
그처럼 아름다운 배려의 마음을 갖는 것은
우주의 의지를 따르는 행위다.
그 행위에 의해 인간은 반드시
성장하고 발전하는 방향으로 나아갈 것이고,
커다란 행운을 만나게 될 것이다.

이것은 아무리 강조해도 모자란 이야기다. 이기적인 욕망을 억누르고 겸허한 마음을 항상 간직하며, 자신뿐만 아니라 주변 사람까지 생각하며 행동하기 바란다. 사랑은 상대에게 베푼 만큼 돌아오는 법이다. 그리고 그 사랑이 우리를 행복하게 만들 것이다.

## 마치며

성공은
매일의 평범한 노력이 쌓여
실현된다.

## '플러스 사고법'으로 '타력의 바람'을
## 내 편으로 만든다

지금까지 훌륭한 인생을 살기 위해 필요한 '사고법'에
대해 이야기했다.

'사고법'에 따라 인생이 달라진다는 말이 아직은 믿기
지 않을지도 모르지만, 나 스스로가 좋은 '사고법'을 선택
하여 인생을 변화시키고 고난과 역경을 극복했다는 사실
은, 이 책을 읽은 여러분도 충분히 이해했으리라 믿는다.

'사고법'에는 인생을 완전히 바꿔놓을 만한 힘이 있다.
또한 우리 각자가 생각을 바꾸어 좋은 '사고법'을 활용한
다면 개인을 넘어서 집단의 운명까지 바꿔놓을 수 있다.

앞에서 언급한 일본항공의 부활이 그 대표적인 사례다.

나는 기업 재건의 소임을 마치고 2013년 3월에 대표직에서 물러났지만, 밤에 잠자리에 들면서 가끔씩 그때까지의 과정을 그려볼 때가 있다. 그리고 어떻게 그런 기적적인 회생이 가능했는지를 곰곰이 생각한다. 우선은 사원들의 마음이 바뀌어 일하는 자세가 달라졌고 행동이 변화한 것을 가장 중요한 이유로 들 수 있을 것이다.

일례로 접수대 직원의 경우, 체크인할 때 융통성 없이 대응하던 고압적인 자세를 버리고 고객의 입장에 서서 '고객에게 지금 정말로 필요한 것은 무엇일까?', '고객이 곤란에 빠졌는데 무언가 도울 만한 일이 없을까?'라고 자발적으로 생각하고 행동하게 되었다.

또 고객과 함께 비행하는 객실 승무원들도 '이렇게 해주면 고객이 기뻐하지 않을까?'라고 생각하면서 고객의 요청이 있기 전에 미리 대응하였으며, 매뉴얼에 나와 있지 않은 서비스까지 유연성을 발휘해 제공하게 되었다. 또한 이전에는 형식적으로 기내 방송을 했던 기장들도 그날 탑승한 승객에게 맞는 말을 스스로 생각해내서 진심으로 전달하게 되었다.

과거에 일본항공은 일본을 대표하는 항공사라는 자부

심 때문에 직원들의 콧대가 높았다. 그래서 고객에게 교만하고 건방진 모습을 보였고, 심지어 고객을 무시하는 일도 종종 있었다. 직원들의 그런 자세 때문에 회사는 결국 파산하고 말았다.

그 후에 일본항공 회생에 뛰어든 나는 모든 사원에게 '성실하고 필사적으로 일에 매진하라.', '감사하는 마음을 가져라.', '항상 겸허하고 솔직한 자세로 임하라.'는 등 인간의 '덕'에 기반을 둔 올바른 '사고법'의 중요성을 계속 강조했다. 그런 '사고법'이 회사 내부에 문화로 침투했고, 그에 따라 관료적인 체질이 조금씩 희미해졌다. 또한 매뉴얼에만 의존하던 서비스도 개선되었다. 그 결과 사원 각자의 행동도 크게 달라졌다.

즉, 이전에는 나만 좋으면 된다는 '이기적인 사고법'이 고객과 동료를 위하고 남을 도우려는 '이타적인 사고법'으로 바뀜으로써 모든 사원이 각자의 부서에서 자신의 일에 전력을 다하게 되었다.

고객과 만나는 접점에서 일하는 직원들이 변화하자 고객 서비스가 향상되었고 탑승객이 늘어났으며 수익구조도 비약적으로 개선되었다. 그래서 점점 악화되다 파산에

까지 이르렀던 일본항공의 운명이 조금씩 달라지기 시작했다. 즉 직원의 의식 및 행동 변화라는 '자력自力'이 고객의 응원이라는 '타력他力'을 불러일으켰으며, 그 덕분에 일본항공은 자신의 운명을 변화시키고 세계 최고의 수익성을 자랑하는 항공사로 거듭날 수 있었다.

그러나 이 '자력'과 '타력'만으로는 일본항공의 기적적인 회생 과정을 전부 설명할 수 없다. 그래서 나는 거기에 또 하나의 큰 '타력'이 작용했다고 굳게 믿는다. 그것은 사람의 지식을 뛰어넘은 '자연의 힘'이라는 '타력'이다. 그게 아니었다면 동일본 대지진의 여파로 여행객이 대폭 감소하는 가운데 그와 같은 고수익을 유지할 수 없었을 것이다. 또한 불과 3년도 되지 않는 기간 내에 도쿄증권거래소에 성공적으로 재상장하는, 누구도 상상하지 못했던 기업 회생이 가능했을 리가 없다. 올바른 '사고법'을 갖고 죽을 힘을 다해 노력하는 우리의 모습을 보고 하늘이 손을 내밀어준 것이 아닐까?

나는 그것을 이렇게 표현하고 싶다. 좋은 '사고법'은 스스로를 돕는 노력인 '자력'과 주위 사람들의 도움인 '타력'

까지 뛰어넘는, 위대한 우주의 또 하나의 '타력'까지 자기 편으로 끌어들이게 만든다고 말이다.

인생을 망망대해를 떠다니는 항해에 비유한다면, 우리는 우리의 생각대로 인생을 조종하기 위해 일단은 자력을 써서 죽을힘을 다해 배를 저어야 한다. 또한 동료들의 협력과 주위 사람들의 도움도 받아야 한다. 하지만 그것만으로는 먼 곳까지 도달할 수 없다. 배의 전진을 도와주는 타력, 즉 바람의 도움을 받아야 비로소 머나먼 망망대해로 나아가 항해할 수 있다.

세상에 자력으로만 해낼 수 있는 일은 지극히 적다. 또한 주위 사람의 도움이라는 타력으로 달성할 수 있는 일에도 한계가 있다. 위대한 일을 성취하려면 사람의 지식을 뛰어넘은 하늘의 힘, 또 하나의 타력이 있어야만 한다. 그러므로 하늘의 도움을 받기 위해 자신의 마음을 이기적인 방향에서 '남을 돕겠다.'는 이타적인 방향으로 바꾸어야 한다.

'나만 좋으면 그만'이라는 이기심은 구멍이 숭숭 뚫린 돛과 같다. 타력의 바람이 아무리 불어도 돛에 구멍이 나 있다면 배가 결코 전진하지 못한다. 이에 비해 올바른 '사고법'이라는 돛은 타력의 바람을 듬뿍 받을 수 있다.

좋은 '사고법'으로 세상을 받아들이며 마음을 아름답게 갈고닦는 것이야말로 타력의 바람을 받기 위해 돛을 활짝 펼치는 일일 것이다. 돛은 그 사람의 '사고법'이 만들어 낸 마음 상태를 나타낸다. 이기적 욕망이 아닌, 남을 돕고자 하는 아름다운 마음으로 돛을 펼치면 세상 구석구석까지 불고 있는 신비하고 멋진 바람의 힘을 자연스럽게 얻을 수 있다.

독자 여러분도 반드시 타력의 바람을 돛에 듬뿍 받을 수 있도록, 좋은 '사고법'을 배워서 멋진 인생을 살기 바란다.

지은이 이나모리 가즈오

마치며

지은이 **이나모리 가즈오** 稲盛和夫

1932년 가고시마 현에서 태어나 가고시마 대학 공학부를 졸업했다. 1959년 교토 세라믹 주식회사(현 교세라)를 설립해 사장, 회장을 거쳐 1997년부터 명예회장을 역임하고 있다.

1984년에 제2전전(현 KDDI)을 설립하고 회장으로 취임했으며, 2001년부터 최고고문으로 활동하고 있다. 2010년 일본항공 회장에 취임해 회장, 명예회장을 거쳐 2015년부터 명예고문으로 활동하고 있다.

그 외에 1984년 이나모리 재단을 설립하고 '교토상'을 창설했으며 해마다 인류 사회의 진보와 발전에 공헌한 사람을 표창하고 있다. 또 젊은 경영자를 육성하는 경영 학원 '세이와주쿠'의 원장으로서 후진 양성에 힘쓰고 있다. 저서로 《카르마 경영》, 《왜 일하는가》, 《좌절하지 않는 한 꿈은 이루어진다》, 《Passion》, 《사장의 도리》, 《불타는 투혼》 외 다수가 있다.

옮긴이 **노경아**

한국외대 일본어과를 졸업하고 대형 유통회사에서 10년 가까이 근무하다가 오랜 꿈이었던 번역가의 길로 들어섰다. 번역의 몰입감, 마감의 긴장감, 탈고의 후련함을 즐길 줄 아는 꼼꼼하고도 상냥한 일본어 번역가다. 현재 번역 에이전시 엔터스코리아의 출판기획 및 일본어 전문 번역가로 활동하고 있다. 주요 역서로는 《리더십의 철학》,《디자인 씽킹》,《뜨거운 가슴으로 세상을 훔쳐라 - 소프트뱅크 손정의 회장의 경영철학》,《결정적 질문》외 다수가 있다.

이나모리 가즈오의

# 인생을 바라보는 안목

2017년 12월 15일 초판 1쇄 | 2024년 11월 19일 25쇄 발행

**지은이** 이나모리 가즈오
**펴낸이** 이원주

**기획개발실** 강소라, 김유경, 강동욱, 박인애, 류지혜, 이채은, 조아라, 최연서, 고정용
**마케팅실** 양근모, 권금숙, 양봉호, 이도경  **온라인홍보팀** 신하은, 현나래, 최혜빈
**디자인실** 진미나, 윤민지, 정은예  **디지털콘텐츠팀** 최은정  **해외기획팀** 우정민, 배혜림, 정혜인
**경영지원실** 홍성택, 강신우, 김현우, 이윤재  **제작팀** 이진영
**펴낸곳** (주)쌤앤파커스  **출판신고** 2006년 9월 25일 제406-2006-000210호
**주소** 서울시 마포구 월드컵북로 396 누리꿈스퀘어 비즈니스타워 18층
**전화** 02-6712-9800  **팩스** 02-6712-9810  **이메일** info@smpk.kr

쌤앤파커스(Sam&Parkers)는 독자 여러분의 책에 관한 아이디어와 원고 투고를 설레는 마음으로
기다리고 있습니다. 책으로 엮기를 원하는 아이디어가 있으신 분은 이메일 book@smpk.kr로 간단
한 개요와 취지, 연락처 등을 보내주세요. 머뭇거리지 말고 문을 두드리세요. 길이 열립니다.